繰り返す日本史

二千年を貫く五つの法則

JN110322

河合　敦

青春新書
INTELLIGENCE

はじめに

人は、ほとんど無意識のルーティンワークを繰り返しながら生きている。毎日だいたい同じような時刻に起き、同じ電車、バスや車に乗って出かけ、仕事や勉強をして帰宅する。

歴史もこれとよく似ている。人類は長い間、同じことを何度も繰り返しながら時を刻んできたのである。

もちろん、全く同じ出来事は起こらない。けれど、似たようなことは何度も起こっている。だからこそ私たちは、真摯に歴史に耳を傾けるべきであり、そうすれば、学べるところは非常に大きいと思うのだ。

過去を詳しく知れば、同じような危機にうまく対処できるだろうし、好機の兆しをいち早くつかむことも夢ではないはずだ。「温故知新」とは、昔の人はよく言ったものである。

パンデミックとなった新型コロナウイルスによる感染症は、多くの人を死なせ、世界経済を破綻させつつある。しかし、これまでの長い歴史の中で感染症のパンデミックは何度も発生し、そのたびに先人たちは大きな犠牲を払いながら、危機を乗り越えてきた。対応策は、歴史の中に答えがあるはずなのだ。

このコロナ禍は、驚くほど黒船来航期の状況と似ている。

また、黒船来航時の為政者の対応は、元寇のときの鎌倉幕府の反応に極めて近い。

日本史は繰り返しているのである（具体的には本文で詳しく書いたので、そちらに譲りたい）。

さらに興味深いのは、歴史の繰り返しのパターンや頻度は、国や地域によって特性があることである。

個人には服の好みがあるので、他人の目には「あの人は、いつも似たような服を着ている」と見えるだろう。それと同じように、**日本には他国とは明らかに異なる、歴史を貫く「好み」や「クセ」、すなわち法則や原理がある。**

そしてこの法則に則った事件や出来事が、「コロナ」、「黒船来航」、「元寇」のように、時代をまたいでたびたび起きてくるのだ。そう、まさに「歴史は繰り返す」のである。

私は、以下の五つが、とりわけ日本史に特徴的な原理だと考えている。

「対外危機への〝過剰な〟反応」

「貴種や名家を尊ぶ伝統」

「祟《たた》りを恐れ、穢《けが》れを嫌う傾向」
「和を尊び団結を重んじる一方、他人の自由を許さない傾向」
「教育力と模倣力の高さ」

おそらくこれらの原理は、島国という国家の地理的条件、四季がある気候、天皇家の存在、民族の同質性の高さなどに大きく起因していると思われる。

本書では、日本史を貫くこの五つの原理について、古代から現代まで詳しく考察した。

日本史の、ひいては日本人の行動原理と言うべき五つの法則を知っていれば、**別々のものと思っていた日本史上の事件が、二千年の時空を越えて、一気につながって見えてくる。**

さらに、「今こういう状況だから、この後こう展開するだろう」といった先読みができるようになる。また、「こういう言動は控えたほうがいい」、「あの人に助力を頼もう」といった日々の行動にも生かせるところがじつに大きい。

もちろん、日本史を学ぶ面白さや得られる教訓も、ぐっと深みを増すはずだ。

日本史が「生きた教養」として、読者の皆様の人生に新たな光を放ち始めることを願っている。

河合　敦

目次

2章　歴史が動くとき、繰り返し現れる「貴種」の力

――太平洋戦争、明治維新、信長・秀吉・家康、承久の乱……

3章　「祟り」と「穢れ」に振り回される権力者たち

――記紀、平安京遷都、菅原道真、藤原道長、崇徳上皇、徳川家康……

4章　なぜ「和を貴ぶ」のに、たびたび争いが起きたのか？

——憲法十七条から「コロナ」まで続く原理とは

5章　あっという間に欧米列強に追いついた理由
――高い教育力と、何でも飲み込む「漬物文化」

1章　国難で繰り返される独特のシナリオ

——「新型コロナ」、昭和恐慌、黒船来航、元寇、白村江……

危機への〝過剰な〟対応

わずか数カ月前とは、世界が変わってしまった。

誰もが今、そう思っているはずだ。

新型コロナウイルスによる感染症のためである。

そして、この感染症は今も各地で猛威をふるっている。日本でも海外から入ってきたウイルスが市中に広まり、一時、医療が逼迫する事態が起こって、多くの方が命を落とした。

この新型コロナのたちの悪さは、人の命を奪うだけでなく、経済をめちゃくちゃにし、人間の心をすさませることである。

この未曾有ともいえる危機に直面し、歴代最長の安倍晋三内閣の初動は、あまりにひどすぎた。

国民一人に布マスク二枚配布、しかも二カ月経っても届かないという対応の遅さ。「低所得者層に三十万円支給」から一転、「国民一人に十万円支給」への変更。

異常なほどのＰＣＲ検査数の少なさ。

強引な検察庁法改正案の提出とその破綻。

なぜ後手後手の対応や批判を浴びる政策を打ち出すのか、不思議でならない。

一方、にわかに注目される政治家が登場した。これまで目立たなかった知事が独自の対策を打ち出して支持を集めた。

また、人気が低迷していた小池百合子東京都知事は、毎日のように会見を開き、都知事選に圧勝して再選を果たした。

国民の間では、他人に極端な感染防止を迫る自粛警察が増殖。相手にまで自分の信じる正義を押しつける不気味な状況が広がった。マスクをしていない小学生に怒鳴りつける老人がいたというから常軌を逸している。


さらに興味深いのは、そんな緊迫した状況から、感染者が激減した瞬間、手のひらを返したように国民の意識と行動が変わってしまったことだろう。

安倍晋三首相は緊急事態宣言を解除するさい「日本モデルの力」と自賛したが、感染者の減少で国民の多くは緊張の糸が切れてしまった。緊急事態宣言時は自粛や「３密を避けよう」を合い言葉に、徹底して他人との接触や外出を控えていたのが、宣言が解除されたとたん、たちまちコロナウイルスの存在を忘れたかのように、都会は人であふれ、満員電車が復活し、夜の街へ繰り出す人々が続出した。

結果、当然のことだが、緊急事態宣言の解除から一カ月しか経っていないのに、再び感染者が激増してしまった。喉元《のど》過ぎれば熱さ忘れるとは言うが、あまりに危機感がなさすぎる。

この能天気さも、日本人の伝統なのだろうか。

いずれにせよ、日本という国は危機を迎えたとき、歴史的にどのような対応をしてきたのか、大いに気になるところだろう。

私は今回の「コロナ対応」は、日本史の中で決して例外的な反応ではないと思っている。むしろ二千年を貫く日本史の法則に則っているのではないかと感じている。

そのことを深く理解していただくために、この章では現代から歴史をさかのぼって、外から入ってきた危機について、日本人がどう対応し、乗り越えていったかを考察しよう。

1　甘い見通しから始まる強引さ

……「新型コロナ」対応、昭和恐慌、太平洋戦争

新型コロナウイルスによる感染症の流行で、世界は一九二九年に始まった世界恐慌を超える打撃を受けるといわれている。

現にアメリカでは一時失業率が戦後最悪となる一四・七%に達し、日本でも生活保護の申請が急増、廃業や倒産が相次いでいる。しかも恐ろしいのは、いつ感染症の流行が完全に終息するか見えない状況だということ。

まさに海外から来たウイルスによる未曾有の経済危機で、これをどう乗り越えるかが私たちに問われている。

◆世界恐慌での日本

では、世界恐慌のときの日本は、いったいどうだったのだろうか。

一九二九年十月、アメリカのウォール街で株価が大暴落したことで、世界経済をリード

してきたアメリカの景気が急速に悪化、その大不況がヨーロッパ経済にも飛び火し、世界恐慌へと広がりつつあった。そんな中で日本は、金解禁《きんかいきん》を断行したのである。

わかりやすく解説していこう。

第一次世界大戦前、日本は自国の通貨である円を一定のレートで金《きん》と交換していた。これを**金本位制**と呼ぶ。金との交換を保証することで、円の価値を維持したのだ。

だが、大戦の混乱で欧米が金本位制を停止すると、大正六年（一九一七）、日本もこれにならった。

戦後になると、欧米は続々と金本位制に復帰していったが、日本はそれができなかった。というのは、国内が慢性的な不景気に陥っていたからだ。不況のため、政府の政策により紙幣を増刷しすぎて、国家の金保有量をはるかに超えてしまったのだ。

◆荒療治に絶対の自信

しかし時の**浜口雄幸内閣**（立憲民政党）は、昭和五年（一九三〇）正月、再び金本位制に戻したのである。これが**金解禁政策**だ。

当たり前のことだが、金本位制に戻せば円の国際的な信用は上がり、円高状態になる。当時、多くの日本企業が輸出によって利益を得ていた。だから円高になってしまう。業績は悪化し、破綻する企業が出てくる。なのになぜ、こんな政策をとったのか。

なんと浜口内閣は、それでいいと考えたのである。いや、むしろ企業の整理統合こそが、金解禁の狙いだったのだ。

じつは、大戦景気（一九一五〜一九年）のときに雨後の筍のように新しい企業が勃興した。空前の好景気を背景に、かなりいい加減な放漫経営でも急成長できたのだ。しかし一転して戦後恐慌が到来（一九二〇年）、さらに関東大震災による震災恐慌（一九二三年〜）、銀行の経営不安による金融恐慌が続いた（一九二七年〜）。

この間、持ち堪えられずに廃業した企業も少なくなかった。とはいえ、それでもまだ多くの不良企業が残っていた。

だから浜口内閣は、金解禁によってあえて輸出を不振にさせてそうした不良企業を淘汰し、あるいは大企業への合併を促進させ、日本企業に国際競争力をつけさせようとしたのである。つまり、荒療治を考えたわけだ。

浜口首相は、大蔵官僚出身で大蔵大臣の経験もあったので、この政策に絶対的な自信を持っていた。さらに日銀総裁の井上準之助を蔵相に抜擢し、具体的な政策を立案してもらっていた。

そのうえで首相自らラジオに出演したり、本を出版するなどして、盛んに国民に金解禁のメリットを説いた。蔵相時代に演説集を出すくらい話術がすばらしかったので、浜口首相の支持率は一気に上がった。

この支持を背景に、ついに金解禁を断行したのである。

◆裏目に出た権限の強化

金解禁と同じ月、ロンドンで**海軍軍縮会議**が始まった。会議では、英米日仏伊の五カ国の間で補助艦の保有量について話し合いが行なわれた。海軍軍令部は対英米七割を要求していたが、浜口は軍縮に積極的な姿勢を見せた。

そしてこれに海軍軍令部や野党が反発すると、浜口は衆議院の解散に打って出たのである。当時は野党の立憲政友会が議会で多数を握っていたが、同年二月の選挙で民政党が安定過半数を獲得した。

こうして権力を一気に強化した浜口内閣は、補助艦の保有量を対英米七割に満たぬ量で妥協し、条約に調印したのである。

すると海軍軍令部は、「内閣が兵量を決定するのは違憲。天皇の統帥権は軍令部が補佐することになっており、それを無視したやり方は統帥権を侵すものだ」と主張、野党や枢密院（天皇の諮問機関で保守派の牙城）も同調した。ところが、浜口は枢密院に揺さぶりをかけるなどして軍縮条約の調印を断行したのだ。

さて、冒頭で述べたように、金解禁の直前、アメリカでは株価が暴落し、不景気がアメリカ全土を覆い始めていた。しかし浜口は、大丈夫だろうと判断したのである。

これが大失敗だった。恐慌が世界へ広がりつつある中での金解禁だったので、円高になって相対的に価格が上昇した日本の輸出品はまったく売れなくなった。それどころか、世界中が不景気なので、良質な欧米の商品が安い値段で大量に日本国内に流れ込み、国内向けの商品をつくる企業も大打撃を受けてしまった。

結果、不良企業のみならず、優良企業までもがバタバタ倒産していき、失業者が爆発的に増大するという未曾有の大恐慌（**昭和恐慌**）に陥ったのである。さらに農村でも生糸のアメリカへの輸出が激減したことをきっかけに農業恐慌が発生した。

そのうえ翌年、東北地方が凶作となり、さらにひどい惨状を呈し、欠食児童や娘の身売りが問題となった。

世界恐慌が広がる中であえて金解禁を実施した結果が、これであった。そこで人々は浜口内閣のやり方を「まるで嵐に向かって窓を開けたようなものだ」と非難し、急速に支持率が下がっていった。経済が下降すれば、たちまち支持率が落ちるのは、今も昔も変わらない。

安倍政権の長期安定も、在職中にリーマン・ショックのような経済的な恐慌がなかったことが大きいと思う。事実、リーマン・ショック後に民主党政権が誕生し、東日本大震災後に自民党が政権を奪還している。そういった意味では、コロナ禍をうまく乗り切らなければ、内閣のみならず、自民党自体が政権から転落する可能性が出てくる。

いずれにせよ浜口首相は、世界恐慌という対外危機を甘く見ていたのである。しかも、解散総選挙に打って出、権力を強化したうえで、あくまで己の経済政策や外交政策を貫こうとした。なおかつ、ひどい不況になってからも金解禁政策をやめようとしなかった。それがますます日本経済をどん底に陥れたのである。

昭和五年十一月十四日、浜口首相は東京駅で右翼の青年に至近距離からピストルで腹を撃たれた。経済不況や統帥権干犯《かんぱん》を憎んでの犯行だった。いったんは回復して議会に出席できるまでになるが、結局、放線菌による腹膜炎のため、翌年八月に亡くなってしまった。

◆泥沼の日中戦争、太平洋戦争へ

さて、浜口内閣後の日本の状況について述べておこう。

同じ民政党の**若槻礼次郎**が組閣したが、多くの国民は長期的な不況を改善できずに昭和恐慌を招いた民政党、さらには政党内閣自体に失望していた。

そんなとき、関東軍が満州全土を制圧するため、軍事行動を起こしたのだ。世にいう**満州事変**である（一九三一年）。

すると国民は、「日本の国土の三倍もある満州が手に入るのではないか」という期待を持ち、大多数が熱狂的に軍部（関東軍）の行動を支持した。

若槻内閣は、満州事変の不拡大方針を掲げ、軍事行動にストップをかけようとしたが、国民の支持を背景に関東軍の暴走は止まらず、閣内不一致もあり総辞職してしまった。

かわって立憲政友会の**犬養毅**が組閣。犬養は**高橋是清**を蔵相に抜擢して金解禁再禁止を実施、円安に誘導して日本経済をV字回復させた。

だが、満州国の認定に反対する犬養首相は、青年将校に暗殺されてしまう（**五・一五事件**）。「話せばわかる」と犬養は青年将校を説得しようとしたが、彼らは「問答無用」と答え、弾丸を撃ち込んだのである。

次に組閣したのは海軍出身の**斎藤実**《まこと》だった。斎藤を首班とする挙国一致内閣には政党からも入閣したものの、純粋な政党内閣は終わりを告げた。

なお、国民の多くは、驚くべきことに政党内閣の終焉を喜び、犬養を殺した犯人たちの減刑嘆願運動が盛り上がりを見せた。

以後、軍部はますます国民の信頼を集めるようになり、陸軍皇道派によるクーデター未遂事件（**二・二六事件**）後は、軍部が組閣にも強く関与し、やがて軍部内閣が誕生する。かくして**日中戦争**から**太平洋戦争**へと突入し、国家としての日本は破綻の日を迎えるのである。

さて、最後に浜口内閣の対応を振り返ってみよう。

まずは**世界恐慌**（**対外危機**）**への甘い認識**により、金解禁を断行して昭和恐慌を招来した。この経済政策に加え、軍縮問題など、浜口首相は自己の政策にこだわるあまり、解散総選挙で**強引に内閣の権限を強化**した。

しかし、それが反対勢力の反発を呼び、恐慌の招来もあって国民の支持が離れ、ついに浜口狙撃による**内閣の瓦解**に至ってしまったのである。

そしてこれ以後は、国民は政党内閣に失望し、**軍部という新しい権力に期待**。その暴走を許すことになった。

現在の日本の状況とかなり似ていると思うのは、私だけであろうか。

なお、こうした国家の危機は繰り返し起こっている。

そこで、さらに日本の対外危機における対応について、さかのぼって考えてみよう。

次に分析の対象とするのは、経済ではなく戦争による危機である。

2 コロナは恐露病の再来か
……日清・日露戦争

◆官民あげての過剰反応

明治時代、日本人の間に「**恐露病**」という病が流行った。本当の病気ではない。ロシアに対する恐怖にとらわれ、いつかロシアは日本に攻めてくるのではないかという過剰な対外危機意識である。

よく知られているように、ロシアは領土を南下させる政策をとっており、アイヌと密かに交易を行ない、十八世紀後半からはたびたび江戸幕府にも開国を求めるようになった。

幕末には、ロシアの軍艦がにわかに対馬に上陸、不法に土地の一部を占拠する事件も起こっている。

さらに日露の国境を定めた幕末の日露和親条約で、樺太は日露両国人の雑居地となっていたのに、ロシアは囚人や軍人を多数送り込んで日本人居住区に圧迫を加えたり、急速に土地開発を進めた。このため、日本政府は仕方なく樺太の放棄を決め、代わりにウルップ島以北の千島列島と交換せざるを得なかった。明治八年（一八七五）のことである。

この頃から日本人は、ロシアの魔の手は朝鮮半島、さらには北海道にも伸びてくると恐れるようになった。

とくに恐露病が悪化したのは明治二十四年（一八九一）のこと。同年五月、来日したロシア皇太子ニコライが、琵琶湖遊覧から京都へ戻る途中の大津で警備の巡査に襲われ負傷したのだ（**大津事件**）。

箱根の塔ノ沢温泉で夕食中に知らせを受けた政府の**伊藤博文**は、箸を投げ捨てそのまま人力車で東京へ戻ったという。明治天皇や松方正義首相なども、すぐにニコライが入院している京都へと向かった。また、多くの国民がニコライに陳謝の電報や手紙を送り、病室は見舞いの品々が山のようになった。

ある女性が京都府庁前でニコライへの謝罪と天皇の苦衷を思い、剃刀《かみそり》で喉を切って自殺するという悲劇も起こった。

まさに常軌を逸した過剰反応だが、当時の日本人は、ロシアがこの大津事件を口実に宣戦布告してくるのではないかと恐れたのである。どう転んでも、当時の日本の軍事力では、ロシアに対抗できない。となれば、日本は植民地に転落し、みじめな生活を強いられることになると信じ込んだのだ。

幸い、日本の誠意ある対応により、ロシア政府とニコライは満足の意を表したが、この外交的責任をとって青木周蔵外相は辞任した。

◆三国干渉から日英同盟へ

それから三年後、**日清戦争**が起こるが、じつはこの戦争も恐露病に端を発していた。明治十年代から日本は朝鮮半島の主導権を握ろうと、朝鮮の宗主国である清と対立していた。日本にはこの時期、半島を植民地にする考えはなかった。清との関係を断たせ、朝鮮政府を近代化させ、半島でロシアの南下を防ごうと考えたのだ。

日清戦争に大勝した日本は、**下関条約**（講和条約）で莫大な賠償金と遼東半島や台湾を獲得したが、戦勝気分はすぐに吹き飛んだ。ロシアがフランスとドイツを誘い、「遼東半島を日本が領有するのは極東の平和のために好ましくないので返還すべきだ」と日本政府に申し入れてきたからである（**三国干渉**）。

要求を拒否してロシアと戦争してもとても勝てないので、仕方なく日本は遼東半島を清に返還した。ところがその後、ロシアが遼東半島の大連・旅順を清から租借という形で支配下に置き、さらに清の反乱時に出兵したロシア軍はそのまま満州に居座り、全土を不法占拠したのである。

また、下関条約で日本は清に朝鮮は独立国だと認めさせたが、日本の影響下に入ることを嫌った朝鮮政府がロシアに近づいたのだ。そこで三浦梧楼《ごろう》朝鮮公使は、ロシア派の中心人物である閔妃《びんひ》（朝鮮国王高宗の正妻）を殺害した。すると高宗はロシア公使館に逃げ込み、そこで政務を始め、ロシアから財務顧問や軍事顧問などを迎え入れ、親露政権が誕生した。こうして満州、朝鮮がロシアの影響化に入ってしまったのである。

このため、三国干渉以後の日本政府は「いつかロシアを負かしてやる。今は臥薪嘗胆である」と唱え、国民を煽ってすさまじい軍備増強に協力させた。要は権力の集中である。だが、明治三十五年（一九〇二）に**日英同盟**が結ばれたことで、政府は国民の暴走を止められなくなっていく。

政府としては、軍事力の強化と日英同盟によってロシアを牽制し、ロシアの満州支配を認めるかわりに、朝鮮半島における日本の指導権を認めさせようと考えていた。日本政府や軍は、この時点でまったくロシアと戦争する気はなかった。あくまで外交的解決を目指していたのである。

なぜなら、まだロシアと戦って勝てる自信はなかったからだ。日英同盟といっても、日本がロシアと戦いを始めたからといってイギリスが一緒に戦ってくれるわけではない。別の第三国がロシアに味方して日本を攻撃したとき、ようやく日本側に立って参戦するという内容なのだ。つまり、日本はあくまで単独で強大なロシアと戦うことになるわけだ。だとすれば、正面から戦っても勝てないだろうと、政府首脳部は判断していた。

◆暴走する主戦論と明治天皇の涙

しかし、国民は違った。

「これだけの軍拡をやったのだから、日本の軍事力はロシアに匹敵しているはずだ」と安易に考え、これに加え大英帝国と同盟が結べたことで気分が高揚し、翌明治三十六年五月にロシアが朝鮮北部に基地をつくり始めると、主戦論がいよいよ熱を帯びてくる。

決定打になったのが、同年六月に東京帝大の戸水寛人《とみずひろんど》を中心とする七博士が政府に提出した開戦を求めた意見書だった。

博士というのは当時は非常に権威があり、オピニオン・リーダーだった。今でいえば、インフルエンサーや人気芸能人に近い。

コロナ禍で検察庁法改正案を延期に持ち込んだのは、SNSで発信した芸能人の力だったが、同じくらいの影響力を持つ七博士の意見が新聞に掲載されると、開戦を求める声はにわかに大きくなった。

主戦論の暴走は、新聞などのメディアにも大きな責任があった。

購買部数を伸ばすため、ほとんどすべての新聞や雑誌が主戦論に転じ、世界各国がロシアの勝利を予測していることは報じず、国民が喜ぶことだけを伝え、主戦論を煽ったからである。

いずれにせよ、刺激された国民感情をとどめることは、もはや不可能となった。

このため軍部も戦争やむなしと考えるようになったのである。

ただ、作戦としては、緒戦で海軍がロシアの旅順艦隊を奇襲殲滅し、陸軍は軍事力を一気に満州に結集し、ロシア軍が兵力を集中する前に全力で叩き、ロシアのやる気を削いだうえで早期の講和に持ち込むしかないと考えた。真正面から戦って勝てると思っていなかったし、ましてや賠償金を取れるとも考えていなかった。

このように、**政府や軍と国民の間には、対外危機に対する大きな認識のずれが存在したのである。**

ただしこれは、軍事増強のために臥薪嘗胆をとなえて国民を増税に協力させ、日露の国力の実態を公開してこなかった政府の政策が招いた結果ともいえる。

さすがに明治三十七年（一九〇四）になると、桂太郎内閣も国民の声に押されて戦争を決意し、ロシアと外交交渉を続けながら、軍とともに本格的な戦争準備に入った。

こうして同年二月、日露の交渉が決裂すると、日本はロシアに宣戦布告をした。

だが、その直前まで戦争に反対していたのが、明治天皇だった。開戦の十日前から食欲が落ち、戦争を決定する御前会議の前日からは食べ物を口にできなくなった。そして開戦を決定した後、

「今回の戦争は私の意志ではない。だが、ことここに至ってしまっては、どうすることもできない。もし敗戦すれば、どう祖霊にお詫びし、国民に対することができようか」

と涙を流したという。

◆強権の発動と離れ始める民心

いずれにせよ、**はっきりとした勝算も、戦費のメドも立たないまま、日本の為政者たちは、国民の声に押されて大国ロシアとの戦争に突入していったのである。**

ただ、短期決戦などというのはとんでもない話だった。遼陽会戦、旅順攻略戦、奉天会戦などに勝利はしたものの、戦いの多くは激戦で、膨大な戦死者を出しながらどうにか辛勝したというのが実情だった。

しかも、戦費の大半は外国からかき集めたのである。日銀副総裁の高橋是清が外債募集のため欧米を回り、たまたま運良く、アメリカの企業家が協力してくれたので、公債を買

ってもらえたのだ。戦費は十七億円を超えたが、そのうち公債は十三億五千万円。公債の六割に近い八億二千万円は外債だった。

つまり日露戦争は、外国からの借金で戦った戦争なのである。

もちろん国民も全面的に協力した。百万人以上の兵士が出征したが、国民は兵士の留守家族を支え、さらに増税に耐え、国家のために郵便貯金をしたり、献金したりした。

今回のコロナ禍でも、政府や自治体は国民の怒りに満ちた要求を呑み、どんどん給付金や補助金というかたちで、あちこちに金をばらまいているが、結局、コロナ終息後に大きなツケを払うことになって苦しむのは国民なのである。これについては、日露戦争の経験もふまえて、私たちは覚悟しておく必要があろう。

さて、日露戦争は、日本の連合艦隊がロシアのバルチック艦隊を全滅させたことで、ロシアがようやく講和に同意。こうして明治三十八年、講和条約（**ポーツマス条約**）が締結された。条約では、ロシアは韓国に対する日本の指導・監督権を認め、旅順・大連の租借権と南樺太を譲ったが、賠償金は一円も出さなかった。

ただ、それは当然だった。日本は金も武器も、兵も尽きていたが、ロシアにはまだ戦う余力があったからだ。

だが、もちろん国民は納得しなかった。「臥薪嘗胆」を合い言葉に十年間も軍拡のための増税に耐え、戦争で八万人という大きな犠牲を払ったのだ。日清戦争同様、莫大な賠償金が転がり込むと信じていた。

このため、講和条約が調印された日、東京の日比谷公園では講和反対集会が開かれていたが、激怒した人々が暴動を起こし、内務大臣官邸や交番、政府系新聞社を襲撃した（**日比谷焼き打ち事件**）。

暴動は全国各地へ広がり、とくに首都は無政府状態となったため、桂内閣は戒厳令を発して軍隊を出動させざるを得なくなった。

◆結果としての情報操作

繰り返しになるが、こうした事態を招いたのも、情報を正しく国民に伝えていなかった政府やマスコミの責任であった。とはいえ、国民にも責任の一端はある。当初はロシアを必要以上に怖がり、その後、勝てそうだと思った瞬間に態度を豹変させ、主戦論一辺倒になって団結して政府に圧力をかけたからだ。

ちなみにこの国民の反応は、かなりコロナ騒動に似ていないだろうか。

ウイルスが恐ろしいとパニックになり、マスクや消毒液を買いだめに走り、それをマスコミが大きく報道して煽りたてる。まるで恐露病の再来だ。

さらに、海外に比べて政府の対応が悪いと騒ぎたて、仕方なく政府はマスク二枚の配布や定額給付金など、国民の圧力に押されて後手後手の対応をしていく。これも日露戦争の開戦過程に似ている。

異常なほどの自粛警察の増殖も、「臥薪嘗胆」を思わせる。歴史は繰り返すのである。


さて、話を日露戦争後に戻そう。日本は莫大な借金を背負い、戦争の痛手により農村は荒廃、多くの国民は気力を失うことになった。

石川啄木はこれを「時代閉塞の現状」と言ったが、人々の中には国家に対する不信感から社会主義や共産主義に憧れを抱いたり、家族や村などの共同体統合が崩れて個人主義や自由主義に走る者が急増した。復員してきた農民兵士が、戦争で悲惨な体験をしたことで、荒れた生活をして村の風紀を乱すことも多くなった。

政府はこの風潮を正すべく、国民に勤勉や節約を求めた戊申《ぼしん》詔書を出し（一九〇八）、同時に社会・労働運動を取り締まった。いずれにせよ、ロシアの南下という危機は去ったが、その代償として国民の統治が危うくなったのである。

以上、恐露病にかかった日本人が、日露戦争に突き進む過程を見てきた。

ここで、もう一度、対外危機としての日露戦争を総括してみたい。

どんな国でも近隣の大国は怖いが、そうだとしても恐露病は異常だ。

やはり、**正確な情報を持てなかったこと**が一因だと思う。当時のマスメディアは、新聞や雑誌しかない。そのマスコミも支局員を多数海外に配置していたわけではなく、情報は政府や軍発信に頼る部分が大きかった。

当然、権力から出る情報は、バイアスがかかっている。しかも新聞は売り上げ至上主義だったので、国民が喜ぶ記事を書き、**結果として国民を情報操作するかたちになり、間違った方向へ誘導してしまったのだ。**

ただ、もし日本という国が島ではなく大陸にあったら、つまりロシアや中国など多くの国と接していれば、百年以上前とはいえ、ここまで情報を操作するのは難しかったはずだ。

そういった意味では、島国であることが、正常な判断を国民から奪ったといえるのかもしれない。

そのあたりについて、次に明治維新のきっかけをつくった黒船来航について詳しく見ていきたい。

3

「知っていたのに無策」な幕府

……黒船来航、安政の改革、パンデミック、尊皇攘夷運動

これまで世界恐慌、ロシアの脅威と見てきたわけだが、どうも日本は外からやって来る危機にうまく対応できないように思える。

それは、どこに起因するのだろうか。

一つの可能性としては、国家の地理的状況だ。すなわち、海で囲まれた島国であることと関係があるのではなかろうか。

それについて、さらに歴史をさかのぼって検証してみたい。今回、対象とするのは列強諸国の日本への接触、直接的には黒船来航事件である。

◆世界を知らないゆえの暴挙

十九世紀になると、ロシア船やイギリス船が日本近海に現れ、食糧や燃料の補給を求めるようになってきた。周知のように江戸幕府は鎖国といって、特定の国以外とは関係を結

ばなかったが、人道的な配慮から寄港する外国船に食糧や水を与えるのを認めてきた。

しかし外国人との間でいざこざが増えると、幕府はそれに対応する煩わしさを嫌って、文政八年（一八二五）、沿岸に近づく外国船はただちに武力で排除しろと命じた。**異国船打払令**だ。

当時、産業革命を経てヨーロッパ諸国の軍事力は強大化していた。そうした中で、あまりに国際情勢を知らぬ乱暴なあしらい方だった。

しかし、それから十七年後の天保十三年（一八四二）、老中の**水野忠邦**は急にこの法令を廃止し、元の穏便な対応に戻した。清国がイギリスとの**アヘン戦争**で大敗した事実を知ったからだ。

軍事大国と信じていた清国があっけなく敗れたことは、幕府にとって衝撃だった。「万が一、イギリス船に砲撃を加えて戦争にでもなったら一大事だ」と考え、外交方針を百八十度転換したのである。同時に、まさかの事態に備えて急激な軍事力強化策を実施していった。

水野は、西洋砲術家の高島秋帆《しゅうはん》を登用して西洋砲術を幕府軍に導入。将軍のお膝元である江戸湾を守るため、川越藩と忍《おし》藩に相模国と房総半島の警備を命じ、下田奉行や羽田奉行を設置した。さらに江戸湾が外国艦隊に封鎖された場合を想定して、房総半島の銚子から印旛沼をへて検見川《けみ》から江戸へ通ずる水路の開削を始めた。壮大な土木事業だったが、水野は急ピッチで工事を進めさせた。

翌天保十四年（一八四三）には、江戸・大坂十里四方を幕府の直轄地にすると宣言（**上知《じょうち》令**）する。二つの巨大都市を直接支配下に置くことで、外国艦隊が襲来したとき、即応できる体勢を構築しようとしたのだ。もちろん、江戸と大坂一帯は収益性が高いので、幕府の収入アップも織り込み済みだ。

だが、この地域を支配している大名や旗本にとって、そんなことを実施されたらたまったものではない。このため、大きな反発が起こり、あっけなく水野は失脚してしまったのである。彼の失脚後、下田奉行と羽田奉行は廃され、壮大な水路開削工事も九割まで完成していながら中止となった。

対外危機のさい、それを理由に政権が権力を強化するというのは、浜口内閣や明治政府にも見られた現象であり、それが人々の反発を呼び、反対勢力を勢いづかせたというのも状況が似ている。

◆幕府が一年前に知っていた「ペリーの実力」

だが、水野失脚から三年後（弘化三年〈一八四六〉）、彼が恐れていたことが起こる。アメリカの東インド艦隊司令長官ビッドルが大統領の親書をたずさえ軍艦二隻で浦賀に来航、開国を求めてきたのだ。

ただ、このときは、幕府が要求を拒絶すると、おとなしく浦賀から去ってくれた。けれど、このとき問題となったのは、二隻の軍艦に百十門もの大砲が装備されていたことである。一方、江戸湾にはわずか約七十門しか備え付けられていなかった。信じがたいお粗末さだが、水野政権以前、首都にまで外国艦隊は襲来しないと信じていたのだろう。しかし、さすがにこれはまずいと思ったのだろう、幕府は彦根藩と会津藩に江戸湾の警備を命じ、湾の周辺に砲台を新設していった。ただ、浮上した軍艦の建造や購入計画は、予算がないという反対の声に押されて実現しなかった。あまりにのんびりした対応だといえる。

そして七年後（嘉永六年〈一八五三〉）、ほとんど軍事力を強化しないまま、**ペリーの来航**を迎えたのである。

驚くべきことに幕府は、その一年も前から、黒船来航の詳報を得ていた。交易しているオランダ政府から「アメリカ東インド艦隊司令長官のペリーという人物が、軍艦四隻を率いて来航し、幕府に通商を迫ってくるだろう。**この艦隊は、上陸戦が可能な装備も調えている**」と**連絡を受けていたのだ。**

かなり具体性に富む情報だったのに、幕府は何の対策もとらず、諸藩や役人たちにもその情報を共有しなかった。「今回もビッドルのときと同じように、強く開国を拒絶すれば引き返すだろう」とたかをくくっていたからだ。

さしたる根拠もなく、「大丈夫だろう」と安易に考えるクセは、昭和恐慌や日露戦争でも見て取れたが、すでに江戸時代から続いていたことがわかる。

◆独裁を嫌う日本人

けれど、今度のペリーは戦争も辞さない態度で幕府に開国を強要してきたのである。居丈高に出れば諦めるだろうという希望的観測は打ち砕かれた。ペリーはなんと、十数隻の短艇を江戸湾深くに入れて測量を始め、その護衛として蒸気船一隻を派遣したのである。もし砲撃されたら江戸の市街地は大きな被害を受け、幕府の権威は地に堕ちる。

仰天した老中の阿部正弘は、フィルモア大統領の国書を受理し、「開国の有無は翌年に返答する」としてペリー艦隊を退去させた。まさに、対応が後手後手に回ってしまったことがわかるだろう。

突然、対外危機に陥った阿部政権は、これまでの慣例を破り、幕臣や諸大名に開国すべきか否かを下問した。挙国一致で国難を乗り切ろうとしたのだろうが、**外交政策を広く問**

うたことでパンドラの箱が開き、人々は公然と政治上の意見を主張するようになり、これが幕府崩壊の遠因になった。

別項で詳しく述べるが、「和を以て貴しとなす」と聖徳太子の憲法十七条にあるように、日本人は衆議を重んじる国民性を持っている。独裁を嫌うのだ。

江戸幕府も多くの役職が複数制で、合議による決定を大切にした。とくに阿部正弘は温厚な人柄で衆議を重んじ、自分の意見を言わないという批判まであった。だからこそ、長期政権を保ち得たのかもしれない。

◆日米和親条約……平和ぼけからの過剰適応

だが、さすがにこのときは違った。

大多数の否定的な意見に反して阿部は開国を決意し、翌嘉永七年（一八五四）三月三日、再来したペリーとの間に**日米和親条約**を結んだのである。その後、阿部は辞任をちらつかせて自分に権力を集中、この前後、**安政の改革**と呼ばれる軍事増強策を推進する。

非常時に権力を集中するというのは、各国共通の現象だろうが、かなり急激な改革だった。日露戦争でも見られたことだが、**平和ぼけからの（対外危機を受けての）過剰反応**といえる。この反応についても、のちに歴史をさかのぼって考察してみたい。

さて、阿部はまず、代官の江川太郎左衛門に命じて品川沖に人工の台場を築造させて江戸湾の防備を強化させ、さらに伊豆韮山《にらやま》に反射炉（溶鉱炉）を、湯島に鋳砲場を設立させた。

また、幕臣の武術を磨くための講武所を開設、槍刀術に加えて鉄砲の扱い方を講じさせた。同時に砲術家高島秋帆を登用、西洋砲術の導入や洋式軍制への転換を図り、深川越中島に設けられた練兵場では、盛んに洋式砲術や洋式調練が行なわれた。

さらに大船建造の禁（五百石積み以上の船の建造禁止）を解いて諸藩に大船の所有を奨励、幕府も佃島の造船所で軍艦の製造を開始。オランダからいくつも艦船を購入し、海軍の創設を目指した。

同時にオランダの海軍士官を招いて長崎に**海軍伝習所**（海軍学校）を開設した。加えて洋学所（のちに蕃書調所《ばんしょしらべしょ》）で西洋の軍事技術や文明を研究させた。

こうして軍事力の強化が急激に進んでいったが、和親条約が結ばれてから数カ月後、突然、不幸が襲いかかった。

◆大地震、台風……連続する災害

十一月四日に安政東海地震（マグニチュード8以上と推定）が発生、東海道筋や甲府などは壊滅的な被害を受けたのである。驚くべきことにその翌日、今度は紀伊半島から四国を震源とする同じ規模の地震（安政南海地震）が起こり、大坂や下田など広い範囲が大津波の被害を受けたのだ。

この二つの地震は、今も危険視されている南海トラフ巨大地震だったと考えられる。それだけではない。さらに一年後の十月、江戸で直下型の大地震（安政江戸地震）が発生したのだ。少なくとも一万人以上が犠牲になったとされ、品川の台場も壊滅的な被害を受けて防衛力が脆弱になった。

幕府の要人が拠点を構える屋敷一帯も大きな被害を受けた。老中の内藤信親の屋敷は全焼、阿部正弘の屋敷も倒壊し、側室が亡くなり、正室も怪我をした。つまり、政治機能も一時的にマヒしたのだ。

それから数日後、阿部正弘は老中首座の地位を**堀田正睦**《まさよし》に譲ってしまった。強権による強引な人事が、実力者**井伊直弼**らの反発を買い、政権から退かざるを得なくなったのだといわれる。立て続けに起こった地震が阿部政権の崩壊のトリガーになったのは間違いないだろう。

さて、その後も幕府は災難に見舞われ続けた。

翌安政三年（一八五六）八月、今度は江戸にすさまじい台風が襲いかかった。江戸時代の記録『続武江年表』には、「近来稀なる大風雨」となり、「大破にて家潰《いえつぶれ》、傾かざるも屋上の板天井の板をも吹散らし、甍《いらか》を重ねし家々は殊《こと》に歪《ゆが》み倒れ」てしまったと記されている。また、風浪が津波のようになって押し寄せ、大小の舟が転覆し、「此時水中に溺死怪我人算《かぞ》ふべからず」という状態になった。

◆梅毒、コレラのパンデミックと尊皇攘夷運動

対外危機は、外国軍の襲来など戦争危機だけとは限らない。島国といえど、大陸との人的交流はある。だから今回のコロナ禍のように、伝染病もときおり海外から流入してきた。古代には、疱瘡やインフルエンザなどが中国から入ってくることも多かったようだ。

戦国時代にはヨーロッパから**梅毒**が入ってきたが、性行為を通じてあっという間に国内の隅々まで広がってしまった。

さて、幕末である。開国したことで、これまでとは比較にならないほど多くの外国人が来日するようになった。そこで台風から二年後、さっそく**コレラ**が入り込んできた。

安政五年（一八五八）五月、長崎に入港したアメリカ軍艦の乗組員が罹患しており、あっという間に長崎中に感染が広まり、いったん西国での流行は収まったものの、七月末、人口の密集している江戸で**感染爆発**（パンデミック）を起こしたのである。一家全滅の家も少

なくなく、

「葬列の棺は大路小路にうち続きて昼夜を棄ず終わる間なく、御府内数万の寺院は何所も門前市をなし。焼場の棺、所せきまで積みならべて山をなせり」（金屯道人編『安政箇労痢流行記』）

とあり、葬式で僧侶は多忙を極め、火葬場は棺桶が山積み状態になった。一説には、八月一日から九月末までの犠牲者は二万八千人にのぼったという。

コレラは文久二年（一八六二）にも大流行し、麻疹《はしか》も流行したので、前回のコレラ騒動の数倍の犠牲者が出たとされる。

こうした動きに対し、人々の外国人に対する反発が高まった。

ペリーによる強引な開国、外国人が持ち込んだコレラに加え、列強との貿易で生糸や茶が品薄状態になり、諸物価が一気に高騰したのである。

そこで排斥を主張する孝明天皇のもとに結集して外国人を追い払おうという**尊皇攘夷運動**が下級武士を中心に高まり、各地で外国人や開国派の人々が襲撃される事件が頻発した。

日本人は単一民族国家ではないが、ほとんどが日本語を話す人々で、他国と比べると同一性がきわめて高い。そのため、あうんの呼吸で意思疎通が可能なことも多い。そうした社会に外国人という、いわゆる異物が混入してきたことに、必然的に大きな抵抗感、アレルギー反応を見せたという面もあったのではないだろうか。

いずれにせよ、**黒船来航という対外危機に加え、地震、台風、コレラと、不幸な災害が続き、それが結果として幕府に対する不信感を強め、尊攘運動の高まりとあいまって幕府が倒れる要因の一つとなったのである。**

◆平成・令和と幕末の共通点

ちなみに幕末の状況は、現代の日本の状況と似ていないだろうか。

東日本大震災、熊本地震、近年たびたび列島に上陸してくる巨大台風や豪雨、そして新型インフルエンザや今回の新型コロナウイルス感染症の拡大。自粛警察の横行。

まさに「歴史は繰り返す」という言葉通りだろう。


以上、黒船来航について紐解いてきたが、それにしても阿部政権の対応は、当初、あまりに呑気なものだった。

なぜ来航の詳報をオランダから得ていながら、無策だったのか。

それはやはり、島国という地理的条件が大きく関係しているといってよい。周りが海なので、他国から攻め込まれる心配をほとんどせずにすんだことが大きいのだ。もっぱら、政権の危機は国内で発生したから、為政者は国内の統治に心を配ればよかった。

つまり、常にその目は内側へ向いていたのだ。とくに鎖国をしていた江戸幕府は、そうだった。

じつは戦国末期、日本は一時的に国際化し、中国（明）や朝鮮のみならず、ポルトガルやスペイン、イギリスやオランダとも商売を始めたことがあった。日本人も大勢が東南アジアへ赴いて**朱印船貿易**を行なった。だが、キリスト教がポルトガルやスペインの植民地戦略の先兵の役割を果たしていると認識すると、家康に続いて秀忠、家光ら三代将軍は、オランダ以外のヨーロッパ諸国を遮断したのである。

以後、百五十年間もその状態を保ち得たが、それは幕府の努力というより、たまたま国交を求めてくる国がなかっただけのこと。しかし、いつしかそれが当たり前となり、平和ぼけ状況になってしまったのである。

さて、他国から攻め込まれる心配がないといったが、一度だけ、我が国は外国から大規模な侵略を受けたことがある。それが鎌倉時代の**元寇**だ。

このとき日本人は、どのようにして対外危機を凌いだのだろうか。そこにどのような日本人の共通する性格が見て取れるのだろうか。そのあたりを次に探っていこう。

4 なぜ最強の相手と構えてしまうのか？
……元寇と鎌倉幕府

◆巨大帝国を知らなかった幕府と朝廷

突然、高麗（朝鮮の国家）からの使者がモンゴル帝国（元）の皇帝・フビライの国書をたずさえて九州の大宰府に来たのは、文永五年（一二六八）正月のことであった。使者と対面した鎮西奉行（鎌倉幕府の九州の統率機関）の少弐資能《しょうにすけよし》は、受け取った国書を鎌倉の幕府に届けた。幕府は、その写しを京都の朝廷に配布した。国書には、日本と国交を結びたい旨が記されていた。

ただ、まことに驚くべきことだが、**このとき幕府や朝廷は、海を隔てた元という国について、ほとんど知識がなかったのである。**

十二世紀前半、テムジンという若者がにわかにモンゴル平原を支配下に置き、一二〇六年、**チンギス・ハン**の称号を与えられてモンゴル帝国を創立。三年後、黄河上流の西夏を服属させ、一二一八年には西遼を滅ぼし、さらにホラズム・シャー帝国（現在のトルキスタンからイランに存在したイスラム国家）を倒し、中国北部を支配する金の首都・中都（現在の北京）を陥落させた。

後継者のオゴタイ・ハン、チンギス・ハンの孫・バトゥ、オゴタイの後継者であるモンケ・ハンなどが、その後さらにユーラシア大陸へ一気に版図を広げ、一二五九年には朝鮮半島の高麗を服属させた。こうしてわずか半世紀で、西アジア・ロシアから中国北部・朝鮮半島にまたがる大帝国（モンゴル帝国）を築き上げたのである。

モンケ・ハンの後継者である**フビライ・ハン**は、大理国やチベットを平らげ、一二六四年に都をカラコルムから大都（北京）に移し、一二七一年に国号を元と改めた。

フビライが日本へ使者を派遣したとき、彼は南宋（中国）の征服を目指していた。このため南宋と親しくしている日本を引き離し、経済力などを削いでしまおうと考えたのだ。この時点で、日本を征服する意図はなかったといわれる。

ただ、国書の最後に「兵を用いるに至らむ。それ孰《たれ》か好むところぞ」という脅しともとれる文言が記されてあったので、朝廷の後嵯峨上皇は、無礼なので返書を出さないことに決めた。

しかし翌年、また高麗の使者が国書を持って訪れたので、朝廷はいったん返書を出すことに決めたが、幕府が難色を示したので取りやめた。

さらに文永八年（一二七一）にも、通交を求める元の使者がやってきたが、若き鎌倉幕府の執権・北条時宗は使者を追い返した。

この徹底的な拒絶反応は、確たる外交方針から出たものではなく、どうしようもない外交音痴から来ていることが、学界の定説になっている。

研究者の新井孝重氏は、「この時代の為政者はまったく国際情勢にうとく、また諸国間の接触経験については、なきに均しい状態であった。いわば無知と外交の未経験が国書を前にして、かれらを硬直させてしまったのである。なにしろ、これまでの外交の経験がないのであるから、仕方のないことであるが、外交上の技術にも暗かった」（『戦争の日本史7 蒙古襲来』吉川弘文館）と述べている。

もし当時、正確な世界地図があって、幕府や朝廷の要人たちに対し、日本と元の国土を塗りつぶして目の前に提示したら、そのあまりの面積の差を知って、元の使者を無視し続けることはしなかっただろう。

◆そそのかされた日本

とはいえ、無知だけが、強硬な外交姿勢のすべての要因ではなかった。

どうやら、**意図的に情報を操作された可能性があるのだ。**

当時、鎌倉幕府は来日した南宋（中国）の禅僧たちをブレーンとして重用していた。彼らは元に侵略されつつある祖国を守るため、「元など大したことはない」といった情報を流したらしい。印象操作によって、日本を元と対立させようとしたわけだ。つまりそれが幕府の為政者たちの判断を曇らせる一因となったと思われる。

やはり日本が大陸から切り離された島国で、ダイレクトに元という国の情報が入ってこなかったからこそ、可能だった策略といえる。

結果、激怒したフビライは文永十一年（一二七四）、三万を超える元の大軍を渡海させた。元軍は対馬、壱岐を侵しながら突然、博多に上陸してきた。迎え撃った幕府の御家人たちは苦戦を強いられた。というより、そもそも戦いにならなかった。ルールがまったく違ったからだ。

日本は一対一の騎馬戦、元軍は集団戦法。ゆえに、勇敢な武士が敵陣に分け入って名乗りを上げようとすると、たちまちに敵の兵が周りを取り囲み、馬から武士を引きずり降ろして殺戮してしまった。

また、元軍は弓矢に毒を塗っていたので、皮膚をかすっただけで毒が回り戦闘不能になった。さらに球体の陶器に火薬を詰めて爆発させる「てつはう」が日本人を驚愕させた。さして殺傷能力はなかったが、日本に火薬は存在しないので、火や煙を吐いて轟音を上げる「てつはう」に御家人は縮み上がった。

加えて銅鑼の音。これにも人や馬が度肝を抜かれた。だから御家人たちは元軍に翻弄されたあげく、なすところなく博多から大宰府へと撤収した。

もし日本が多くの国々と国境を接していたら、一騎討ちという国内だけで通用する戦い方など、とうの昔にすたれてしまったはず。そういった意味では、日本の地理的条件が大いに不利に働いたわけだ。しかし、戦いの翌朝、元軍は忽然と姿を消した。

これについては諸説あるが、近年は「元軍の来襲は威力偵察であり、当初から日本を侵略するつもりはなかった」とする説も強くなっている。

こうして一日であっけなく終わった**文永の役**だが、翌年、フビライは杜世忠《とせいちゅう》らを派遣して幕府に降伏を勧告した。しかし執権の北条時宗は、杜世忠らを処刑し、断固抗戦する姿勢を明らかにしたのである。

◆日本独特の危機対応

さて、ここからの執権・北条時宗の対策だが、これまで述べてきた政権の対応とよく似ている。**国家の危機に対して巨額な軍事費を出して国家防衛に力を入れ、同時に自分に権**

力を集中させたのである。

まずは異国警固番役を強化する。この職は、文永の役以前から元軍警戒のために設けられた制度で、九州に所領を持つ御家人が交代で九州北部の警固にあたるというもの。

また、西国の守護（一国の治安維持をになう幕府の役人）を入れ替えて北条一族で固め、御家人（幕府の家臣）でない武士も守護の指揮下に組み込んで迎撃体制を整えた。

さらに、再び元軍が博多湾に襲来すると想定し、約二十キロメートルにおよぶ石塁（防塁、石築地《いしついじ》）を構築させたのである。

一方、フビライも日本への再遠征をもくろんだが、まずは南宋との戦いを優先させた。一二七六年に元軍は南宋の首都・臨安を制圧。南宋の皇帝は南部へ待避して抵抗を続けたが、厓山の戦いで敗北し、一二七九年、ついに南宋は滅亡した。

こうして中国全土を征服したフビライは、南宋の旧臣周福らを日本に遣わし、再び降伏を勧告した。しかしまたも時宗は使者全員を斬り捨て、徹底抗戦の構えを見せた。

するとフビライは、弘安四年（一二八一）、十四万人という想像を絶する大軍を日本へ送った。朝鮮半島からは、元高麗軍を中核とする東路軍三万、寧波《ニンポー》からは旧南宋軍を交えた江南軍十万が博多に押し寄せてきたのだ。

だが、元軍の戦法を研究していた幕府軍は、善戦して大軍の上陸を阻止。その間の七月三十日、大型の台風が九州に襲来。日本軍も大きな被害を受けたものの、元の船はほとんど沈没し、敵兵の大半は海の藻屑と消えた。

この二度目の戦いを**弘安の役**と呼ぶ。

ちなみに、フビライはその後も日本遠征を計画したが、ベトナムの征服に苦戦したうえ、中国や東南アジアの各地で反乱が続発、さらにジャワ島への遠征は撃退されて終わった。このため、日本への再々征の機会を逸してしまった。

さて、自然現象のおかげで外敵の侵攻をはねのけた鎌倉幕府だったが、じつはこれが衰退のきっかけとなった。

当時、戦争に対する恩賞は土地の給与（新恩給与。その地の地頭職に任じる）だったが、外国との戦争であったことから、新たに与える土地は不足し恩賞は不十分だった。なのに戦いでの出費は自弁だったから、御家人の多くが経済的な打撃をこうむった。

にもかかわらず、北条一族が重要な役職を独占し、おいしい思いをしているので、幕府に対する御家人の忠誠心が薄れ、それが結果として幕府の瓦解につながったのである。これなども、日露戦後の日本と状況がかぶる。

島国ゆえの、対外情勢に対する政権の無関心。外敵襲来に備えた権力の集中と、それに対する反発。まさしく日本独特の危機に対する反応ではなかったか。

◆「神風」の誕生

さて、ここでさらに重要なことがある。

元寇を機に新しい日本人の危機反応が生まれたことである。

それが**神風思想**である。

すでに元寇より前に、日本は神々の住む神国だという考え方は存在した。

たとえば文永六年に元に使者が来たさい、朝廷は次のような返事を認めたという。

「天照大神が、天皇家の血統を輝かしてから、今の天皇に継承されるまで、天皇の徳のおよぶところは、いずれも属さないことはなく、祖霊・神霊、絶対の盟約、百王の鎮護がはなはだ整っていて、四周の夷狄の統治も乱れることはない。そのため皇土をもって、長い間にわたって神国と名づけている」

（千田稔著『伊勢神宮—東アジアのアマテラス』中公新書）

結局、この返書が提出されることはなかったが、この頃から朝廷や幕府は日本中の神社仏閣に撃退を祈らせた。

弘安の役のとき、朝廷は勅使として大納言二条為氏《ためうじ》を伊勢神宮に派遣。このとき為氏は内宮の別社にある風神社にも詣でたが、この社の祭神は風雨を司る級長津彦命《しなつひこのみこと》だったので、この祭神が「神風」を吹かせてくれたのだと噂されるようになり、朝廷は正応六年（一二九三）に神社の家格を上げ、「風日祈宮《かざひのみのみや》」とした。

ただ、伊勢神宮のほか、肥前の筥崎《はこざき》八幡宮や諏訪大社、出雲の布宇《ふう》神社など多くの神社にも元寇で「神風」を吹かせたという伝承があり、朝廷から格上げされた神社も少なくない。

いずれにせよ、**日本は神国なので、神々の加護を受けており、大きな危機が起こると、必ず神が助けてくれるという、まさに「誰かが何とかしてくれるさ」的な他力本願ともいえる危機対応が形成されたのである。**

◆他力本願と「ムクリコクリ」

ちょっと振り返ってみよう。

いざとなればイギリスが助けてくれると考えた日露戦争についてはすでに言及したが、太平洋戦争末期もそうだった。最後は中立国のソ連に仲介役になってもらうかたちでの連合国との講和に持ち込もうとした。ところがすでにソ連は、米英と密約して対日参戦を決めていた。

敗北寸前の日本は、島国ゆえ制海権を米英に握られ、ソ連の動きを疑わしく思いながらも、**日本の外務省はソ連の裏切りをはっきり探知することができなかった。**

神風特攻隊なども、まさにこの攻撃で絶望的な戦況を打開できると信じて名付けたのだろう。だが、神風は吹かなかった。そういった意味では、神風思想が日本に根付いたことは、不幸な結果をもたらしたといえる。

もう一つ、話を加えたい。元寇以後、**「ムクリコクリ」**という言葉が人々の間で語られるようになった。「ムクリ」とは「蒙古」、「コクリ」とは「高句麗」のことだ。

元軍が日本人に対してむごい残虐な行為をしたことから、その具体的な所業が忘れ去られた後も、非常に恐ろしいものだという観念が残り、「ムクリコクリの鬼が来る」というのが、子どもに対する脅し文句として使用されるようになったのである。

外国人を畏怖するあまり過熱した幕末の尊皇攘夷運動しかり、明治時代に広まった「恐露病」しかりだ。

ただ、海の向こうから来るものに対し、得体の知れない恐いものとして反応するという観念は、神風思想とは異なって、「ムクリコクリ」話が生まれる前から国内に定着していた。おそらく大化の改新あたりまでさかのぼることができるのではないかと考えている。

5 たびたび顔を出す「読みの甘さ」

……白村江の惨敗後の政変

◆わざわざ強大な唐を敵に回した理由

六六三年——はるか昔、今から千四百年近く前の出来事である。

大和政権（日本）は朝鮮半島へ大軍を送り、唐と新羅の連合軍と戦って大敗北を喫した。唐といえば、中国全土を支配する巨大国家であり、大和政権も朝貢のための遣唐使を派遣していた。なのになぜ、そんな大国と渡海してまでも戦おうとしたのだろうか。

少し事情が混み入っているので、わかりやすく東アジア情勢を説明しよう。

当時、朝鮮半島には高句麗、新羅、百済の三国が鼎立《ていりつ》していた。強大な唐が成立した後、百済と新羅の関係が悪化する。高句麗と結んだ百済が、たびたび新羅へ侵攻するようになったのだ。

苦況に立った新羅は、大和政権に助力を求めようと、六四七年に王族の金春秋《こんしゅんじゅう》（後の武烈王）を人質に差し出し、さらに六五一年に使いを派遣してきた。けれど大和政権は、使節を追い返してしまう。唐の服を着ていたのが気に入らなかったのだという。ただ、一方で新羅は、唐にも助けを求めていた。唐は大和政権と異なり、その要請を受け入れた。

結果、朝鮮半島では**「百済＝高句麗 VS. 新羅＝唐」**という構図が生まれたのである。

大和政権は伝統的に百済と親密な関係にあったものの、遣唐使を送っていたし、親新羅派の豪族も少なくなかった。そこで朝鮮情勢には積極的に介入せず、成り行きを見守っていた。ところが六六〇年、百済が唐と新羅の連合軍に滅ぼされてしまったのである。大和政権にとって衝撃的な展開であった。

じつは唐は、高句麗へ遠征軍を差し向けていたが、なかなか討伐がはかどらなかったので、高句麗と結ぶ百済へ十三万の兵を送り込んだのだ。このとき新羅の武烈王も唐の動きに呼応した。こうして唐・新羅連合軍は、百済の首都（泗沘《しび》）を落とし、その後、新羅の義慈王を捕虜にする。

ここに百済は滅亡したわけだが、まもなく遺臣たちが再興運動を展開、リーダーの鬼室《きしつ》福信《ふくしん》が大和政権に扶余豊璋《ふよほうしょう》の返還と援軍を要請してきた。豊璋は、百済の皇子。親善のために日本にいたとか、人質だったなど諸説あるが、いずれにせよ、大和政権はこの申し出を承諾した。このとき政権を握っていたのは、蘇我氏を滅ぼし斉明天皇を奉じて大化の改新を断行した中大兄皇子《なかのおおえのおうじ》や中臣鎌足《なかとみのかまたり》だった。

ただ、百済の遺臣に手を貸すことは、大帝国である唐を敵に回すことを意味する。なぜそんな無謀な決断をしたのだろうか。

研究者の熊谷公男氏は、「倭国に長期滞在していた扶余豊璋を百済王に擁立し、援軍を派遣して百済復興が実現すれば、倭国は百済を付庸国として従えることができ、百済をも包括する「天下」的世界に君臨する「治天下大王」の権威はいやがうえにも高まる」(『日本の歴史03 大王から天皇へ』講談社学術文庫)からだと述べている。

実際、百済の遺臣たちは唐の軍勢を相手に奮闘しており、今それに力を貸せば、大和政権も恩恵に預かれるという甘い読みがあったようだ。同時に、何もしなければ日本は半島での勢力を失うのみならず、やがて百済と同じ道をたどることになる。そう判断したのかもしれない。だが、この選択は失敗だった。

◆新羅の目論見

九州まで遠征した中大兄皇子は、総勢三万二千人を朝鮮半島に上陸させたが、内紛もあって旧百済軍はすでに窮地に立っており、結局、白村江での海戦で日本軍は唐・新羅連合軍に大敗、多数の溺死者を出し、海水は真っ赤に染まったという。

この白村江の戦いで大和政権は半島での勢力を失うだけでなく、この日から唐・新羅連合軍が日本列島に上陸してくる悪夢におびえることになったのだ。

国家の存亡の危機に立たされた大和政権（中大兄皇子政権）は、九州の重要機関である大宰府を守るため水城《みずき》、大野城、基肄城《きい》などをきずき、対馬から瀬戸内海沿岸、大和にかけて数多くの山城や烽火《ほうか》をつくり、防人《さきもり》（兵士）を配置して防衛体制を整えた。

戦いから二年後の六六五年、唐からの使節が来日し和睦が成立したものの、中大兄は「あくまで形式的なもので、必ず唐は襲来する」と確信、六六七年には、都を飛鳥から大津へ移した。大津は琵琶湖のほとりなので、唐の軍勢がなだれ込んできたら湖を船で渡り待避できると考えたのだという説もある。

ともあれ、防衛対策による巨額な出費で国家財政は傾き、豪族たちは不満を鬱積させた。しかし、誰も中大兄皇子には逆らえなかった。

というのは、中大兄政権は戦後、「権力集中で、迫りくる外圧をはねのけよう」と「中央諸豪族の官人化を整備して、天皇を頂点とする統一的な官僚制形成を期す決定的な改革」（鈴木靖民「東アジアにおける国家形成」『岩波講座日本通史 第3巻 古代2』所収 岩波書店）を断行したからだ。そのうえで六六八年二月、中大兄は即位して天智天皇になるが、それから数カ月後、大和政権に「高句麗が滅ぼされた」という衝撃的なニュースが入ってくる。さらに同年、新羅が日本に使節を遣わし、誼《よしみ》を求めてきたが、「唐が倭討伐軍を準備しているという恐るべき情報に接した」（前掲書）のである。

じつは新羅も、朝鮮半島で勢力を広げる唐に脅威を感じ始めていた。そこで、日本にこうした情報を流し、味方につけようとしたのだろう。

だが結局、唐は日本に攻めて来なかった。六七〇年に新羅が唐に叛旗を翻したからだ。新羅軍は旧百済領へ侵攻、続いて旧高句麗領へも入り込み、六七六年に唐の勢力を駆逐し、朝鮮半島を統一したのである。

◆独裁への不満を逆手にとった大海人

だが、このときすでに中大兄は亡くなっており、後継者（息子）の大友皇子も殺されていた。

中大兄政権をつぶしたのは、彼の弟・大海人皇子《おおあまのみこ》（天武天皇）だった。大海人は、天智の同母弟で皇太子。この時代、同母弟がいる場合、皇位は弟へ譲られるのがならわしだった。大海人は若い頃より天智を補佐し、周囲からも後継者と目されてきた。

ところが天智は、宅子娘《やかこのいらつめ》が生んだ我が子・大友皇子を溺愛し、政治を総攬する太政大臣の地位につけたのだ。暗に次期天皇は大友だと宣したようなもの。けれどその母・宅子娘は、身分の低い采女《うねめ》（女官）出身で、当時そういう立場の女性の子が皇位を継承する前例はなかった。なのに権力を強大化させた天智は、それを無視して動いたのだ。

六七一年十月、天智の病が重くなった。このとき大海人は兄の天智に呼ばれ、「私の後を継いでくれるか」と皇位継承の打診を受けた。真に受けるのは危険と判断した大海人は、それを固辞して剃髪《ていはつ》、吉野へ引きこもった。

同年十二月に天智天皇は崩御したが、わずか半年後（六七二年六月）、大海人皇子は挙兵した。その行動は迅速で、家臣を美濃国安八磨《あはちま》へ向かわせ、兵を募るとともに不破の関を押さえ東山道《とうさんどう》を遮断したのだ。その後、大海人は一族を連れ吉野を脱出、大津宮を脱した高市皇子《たけちのおうじ》（大海人の長子）と合流。翌日、尾張の国司が二万を率いて味方についた。さらに大伴氏も大和国で挙兵、飛鳥を制圧する。**皆、天智天皇の独裁に不満を持っており、それが爆発したのである。**

不意を突かれた大友は兵を集めようとしたが、大海人に機先を制せられ、うまくいかなかった。やがて不破から大海人軍、飛鳥から大伴軍が大津宮へ迫って来た。そこで大友は自ら出陣し、七月二十二日に瀬田川で大海人の主力軍と戦うが敗れ、翌日、大津宮は陥落、大友は山中で首を吊って自殺した。

こうして大友皇子を打倒した大海人は、飛鳥浄御原宮《きよみはらのみや》で即位した。武力で皇位についた天武天皇の権力は強大で、**八色《やくさ》の姓《かばね》**を定めて皇族を上位とする新氏姓制度を構築、豪族を天皇の官僚と位置づけた。また豪族の私有民を禁じ、所有地の一部を収公するなど、天皇への中央集権を図ったのである。

そして、中国にならい、律令制度の整備や国史の編纂事業を開始。**「天皇」**の称号や**「日本」**の国号を用いるようになった。

さて、最後にこの白村江の戦いという対外危機を総括しよう。

国家の危機に対して権力を強化して独裁をもくろんだ天智天皇。結果としてそれが、豪族たちの気持ちを離れさせることになった。

多くがこぞって大海人に味方した。こうして天智の後続政権（大友皇子の近江朝）が倒れる。しかし豪族たちは、まさかその後、武力で権力を握り新王朝を樹立した天武がさらなる強権を発動し、自分たちを完全に官人化してしまうとは考えもしなかったろう。

以上、日本の五つの大きな危機を取り上げて詳しく考察してきた。

これらの事例を振り返ってみるに、やはり島国という地理的な制約が日本人独特の反応を生んでいることは間違いないようだ。海に囲まれた環境なので、**海外からやって来る情報はバイアスがかかって不正確なうえ、その情報を得た政権の解釈も独断的であった。**

他国と隣接していないゆえの外交音痴といえる。

また、島国ゆえに大陸の侵略を受けることなく、比較的、平穏な歴史を歩んできた。だから**時の政権も平和ぼけしていて、対外情報の入手に消極的で、いざ対外危機を前にすると、対策も後手後手に回ってしまう。結果、人々は自分たちを保護できない政権だとして排除する方向へ動いていく。**あえていうなら、島国という地理的な特性が、こうした日本人特有の危機対応を生んだのではないだろうか。

さらにいえば、海をへだてて情報が遮断されているだけに、**まれに災厄が外から入ってくると、そこから受ける衝撃はすさまじく、日本人の反応は過剰になる。「ムクリコクリ」、攘夷運動、恐露病などの淵源は、ここにあるように思えるのだ。**

◆権力強化の先に待つ政権の倒壊

さて、どこの国でも外から災厄が降りかかってくれば混乱し、政権も動揺する。権力を強化して立て直しを図るのも自然の流れだ。だが、その最中に政権が倒壊するケースが他国より多い気がする。

太平洋戦争で日本と戦ったアメリカや中国は、大戦中に政権の交代はない。これは当然かもしれないが、枢軸国のイタリアはムッソリーニ政権のまま降伏している。ドイツの降伏もヒトラーが自殺した約一週間後だった。つまり、最後まで権力を握っていたといえる。ところが東条英機内閣はどうだろう。無条件降伏の一年以上前に退陣に追い込まれているのだ。

第一次世界大戦もそうだ。参戦した大隈内閣は、一年後に選挙汚職が明るみに出て国民の信を失い、退任に追い込まれた。その後、寺内内閣、原敬《たかし》内閣と、たびたび政権が交代している。

じつは昭和恐慌でも民政党内閣から立憲政友会内閣に替わったし、日露戦争でも桂太郎内閣が講和条約後、すぐに立憲政友会に政権を譲っている。ペリーのときも、阿部正弘が老中首座の地位を堀田正睦に渡している。

どうも日本では、対外危機に対処すべく権力を強化しようとすると、人々からそっぽを向かれたり、反権力が生まれたりして、政権を維持するのが困難になる特性があるのではないだろうか。つまり、**独裁を許さない傾向**が日本は強いのではないか。このあたりについては、さらに別の章で考察を進めていこうと思っている。

2章　歴史が動くとき、繰り返し現れる「貴種」の力

――太平洋戦争、明治維新、信長・秀吉・家康、承久の乱……

日本史の法則②
貴種と名家……伝統に敬意を払う

二〇一一年三月十一日の東日本大震災から五日後、天皇陛下の国民向けのビデオメッセージがテレビで放映された。

マスコミを通じて国民全体に向け、天皇が自らメッセージを発するのは、太平洋戦争の終結を告げた玉音放送以来であった。この異例の対応は、ご自身の強い意思によるものだったとされる。

震災の翌月、天皇・皇后両陛下（現在の上皇・上皇后）は、交通が寸断された被災地に自衛隊のヘリコプターで降り立ち、南三陸町や仙台市の被災者たちを強く励まされた。

みずから膝をついて被災者一人ひとりに語りかける両陛下に対し、涙を流して感謝している人々の姿がテレビの画面に大きく映し出された。

その後、両陛下は、津波で破壊された被災地を見下ろし、静かに黙礼をした。

この映像を見た瞬間、なぜか胸に熱いものがこみ上げてきた。ただひたすらに国民の平安を願う天皇という存在を「ありがたい」と感じたのだ。あまりそうした感情を抱いたことがなかっただけに、自分でも不思議な感覚であった。

改めて振り返って考えてみるに、これは日本人のＤＮＡに刻まれた、古代から現代まで続く共通の記憶なのかもしれないと思うようになった。

ならば、いつから日本人は、天皇という存在をありがたがるようになったのだろうか。また、その理由は何なのか。

これはあくまで一つの仮説だが、日本人にはもともと歴史あるものに敬意を払う傾向が強いように思う。**火災や戦災を除いて、古い建物を積極的に破壊したり歴史的な遺物や史料を破棄することが少ない。**だから今も、各地に古い神社仏閣や歴史的な遺構・遺物が多く残っているのだろう。

奈良時代の正倉院には、シルクロードを通って運ばれた多くの品々が現存する。これらの宝物は代々、大切に保管されて今に至っている。こうした人から人へと伝えられた遺物を**伝世品**と呼ぶ。

ところが**生産地のイランやトルコなどには、同じ伝世品は一つとして残っていない。**いずれも、土の中から掘り出される出土品ばかりだ。

言うまでもなく天皇家は、世界で最も古くから続く為政者の家系である。だからこそ、武家政権が誕生して権力を失った後も、歴史を重んじる日本人に尊ばれ、脈々と続いてきたのではないだろうか。

さらに天皇家からは源氏をはじめ多くの家が枝分かれし、それがのちに公家や大名家となり、今なお続いている。誰かしらが家を継ぐので、名家が絶家になることはきわめて稀である。

さらに、**殿様の子孫が現在も地元で敬われているように、歴史的人物の子孫だと聞けば、その人の品性や性格にかかわらず、思わず憧憬の目で見てしまう。**

このように日本人は、天皇家に限らず、代々続いている家系をありがたがる傾向がある。

とくにその思いを強くしたのは、福沢諭吉の自伝『福翁自伝』の一節を目にしたときだ。幕末にアメリカへ渡った福沢は、あるアメリカ人に「今華盛頓《ワシントン》の子孫は如何《どう》なって居るか」と尋ねた。すると、

「その人の云うに、華盛頓の子孫には女がある筈《はず》だ、今如何して居るか知らないが、何でも誰かの内室になって居る容子《ようす》だと如何にも冷淡な答で、何とも思《おも》て居らぬ。是《こ》れ

は不思議だ。勿論《もちろん》私も亜米利加《アメリカ》は共和国、大統領は四年交代と云うことは百も承知のことながら、華盛頓の子孫と云えば大変な者に違いないと思うたのは、此方《こっち》の脳中には源頼朝、徳川家康と云うような考えがあって、ソレから割出して聞た所が、今の通りの答に驚いて、是れは不思議と思うたことは今でも能《よ》く覚えて居る」（『福翁自伝』）

このように、開明的な福沢でさえ、「ワシントンは初代の大統領なのだから、アメリカ国民なら日本の家康同様に、誰でも子孫のことは知っているだろう」と思い込んでいたのだ。

いずれにせよ私は、この福沢の逸話から、歴史的人物（偉人）の子孫、あるいは、古くから続く家系をあがめるのは、日本人の特性であると考えている。

冒頭で私たちが生きる現代の天皇について触れた。そこでこの章でも「貴種や名家を尊ぶ気質が歴史に及ぼしてきた力」について、時代をさかのぼって考察していこうと思う。

1

明治〜戦前も「象徴天皇」に近かった

……日清戦争、マッカーサー、吉田茂

◆「大臣たちの戦争だ」

まずは、日本でもっとも古い家、天皇家について取り上げてみたい。

日本国憲法では「天皇は、日本国の象徴であり日本国民統合の象徴」とされているものの、「国事に関するすべての行為には、内閣の助言と承認」が必要となり、「国政に関する権能を有しない」と規定している。つまり、一切の政治的な行為ができないことになっている。

それに比較して戦前の大日本帝国憲法では、日本は「万世一系」の神聖な天皇が統治する国であり、天皇は「国ノ元首ニシテ統治権ヲ総攬《そうらん》シ」、司法・行政・立法権や統帥《とうすい》権（軍の指揮権）、官吏の任免など絶大な権限（天皇大権）を有していた。

とはいえ、それはあくまで建前だった。

実際に天皇一人ですべての権限を行使できるはずもなく、行政権は内閣に、立法権は帝国議会にゆだね、統帥権は陸海軍に委任した。たとえば、総理大臣の指名（大命降下）は、元老（国家の重臣）たちが人選して天皇に推薦し、天皇はその人物をそのまま首相指名するかたちをとっていた。このように天皇は、下から上がってくる案件について、それを公に拒否することはなかった。

ただ当初、明治天皇とそれを取り巻く宮中勢力は、天皇親政（みずから政治を執る）を求めていた。**とくに教育分野については、何度か積極的な介入を試みた。しかし、「宮中と行政府は峻別すべきだ」と考える伊藤博文などによって、明治中期にその動きを制せられてしまう。**

たとえば、明治天皇は日清戦争に反対しており、戦争が始まったとき、

「この戦争は朕の戦争ではなく、大臣たちの戦争だ」

と述べた。

日露戦争のさいも、ロシアと戦って勝てるとは考えておらず、最後まで開戦を回避したいという思いを持っていた。だが、政府や軍の要求に応じ、開戦の詔勅を出さざるを得なかった。「統治権ヲ総攬」しているにもかかわらずだ。先述のように、開戦の詔勅発布後、部屋に戻った明治天皇は「祖霊に対して申し訳ない」と涙を流したという。

さらに大正期になると、憲法解釈において美濃部達吉の天皇機関説が主流となる。この

考え方を一言でいえば「天皇も国家の機関の一つであるから、個人的な独裁はできない」というもので、政党政治を容認する論である。終戦の十年前に否定されたとはいえ、以上の例からわかるとおり、**じつは戦前も象徴天皇制に近かったのである。**ならば、天皇など必要ないのではないかと思うかもしれない。だが、それは大きな誤りである。

◆マッカーサーが熟知していた日本人の特性

よくわかるのが、太平洋戦争の終結時だろう。政府と軍の首脳部が無条件降伏をめぐってもめたさい、**最終的に昭和天皇の聖断が降伏の決定打となっている。**このように為政者が判断に迷う国家の重大事においては、天皇個人の存在が光を放ってくるのである。天皇が決めたといえば、国民はその判断に従うからだ。それほど、近代における天皇は、国民の崇敬を集めていた。

こうして日本軍は無条件降伏したが、戦後、主な連合国（戦勝国）は、日本の元首である昭和天皇の戦争責任を問うとともに、天皇制は廃止されるべきものと考えていた。

しかし、日本統治の責任者である連合国軍最高司令官のマッカーサーは、天皇制を存続させ、昭和天皇の戦争責任も問うべきでないと判断した。初めてマッカーサーが昭和天皇と会談したさい、率直に戦争責任を認める人柄に感銘を受けたからだというが、もちろん理由はそれだけではない。

マッカーサーは知日派で、日本人にとって天皇という存在がいかに大きいものかを熟知していた。このため昭和二十一年（一九四六）一月、アメリカ陸軍省に「**天皇を裁判にかけて処刑すれば、日本人のアメリカに対する憎悪は何世紀も続き、日本政府が倒れて共産主義政権が生まれる。それを防ぎ日本を統治するため、アメリカはさらに数十万人を日本へ派遣しなくてはいけなくなる**」と、天皇制の存続を強く訴えた。

この意見に動かされ、アメリカ政府は、天皇制の存続を容認したという。つまりマッカーサーは、国民の絶大な尊崇を集める天皇を、占領統治に利用しようとしたのだ。

昭和二十一年一月、昭和天皇は、みずからの神格化を明確に詔書で否定（**人間宣言**）した。これにより、国家の元首や現人神《あらひとがみ》としての天皇の在り方は大きく変わったが、それ以後も国民の天皇に対する尊崇は変わらなかった。政変によって皇帝をギロチンにかけたり、一家皆殺しにするフランスやロシア、ころころと帝が替わる中国などと比較して、天皇家に対する日本国民の感覚は非常に珍しいといえる。

◆吉田茂が見た「静かな愛着」

人間宣言の翌月、昭和電工川崎工場を皮切りに、昭和天皇は各地を巡幸して人々にねぎらいの言葉をかけていった。

これについて吉田茂元首相は、次のように回想している。

「天皇は国民と親しく接するために、日本国内の各所を回られ、生活の建て直しに努力する一般国民を励まされた。そして、グレーの帽子を上げて国民の歓呼にこたえながら、各地を視察された英雄気どりのない静かな天皇の態度は、皇室のイメージを変えるとともに、皇室とそれが象徴する日本への静かな愛着の心を国民の間に生み出したのであった」

（『激動の百年史―わが決断と奇跡の転換』吉田茂著 白川書院より）

まさにマッカーサーが意図した通り、新生天皇のもとで日本は急速に民主化していったのである。

繰り返しになるが、**国家体制が変わっても、日本の王家たる天皇家への見方が変わらないというのは、希有な例といえる。**

ただ、そうなった理由としては、明治政府がそう仕向けたことが大きいと思われる。

その根拠について、さらにさかのぼって考察していこう。

2

いつから天皇は「見える」ようになったのか
……大久保利通らがプロデュースした「尊崇」

◆御所から出た「近代のパイオニア」

戦前における天皇に対する驚くべき尊崇の念。それはある意味、明治政府によって形成されたものといえる。このあたりを詳述していこう。

前項で昭和天皇の巡幸について述べたが、これは明治初年以来の伝統であった。

それ以前の天皇は、御所の中で女官に囲まれ、人前に姿を見せることはなかった。

だが、大久保利通などはヨーロッパ同様、王室（皇室）を開かれたものにし、天皇に対する親しみを国民に持たせようと、明治初年から各地への**天皇巡幸**を実施したのである。

こうして十数年間にわたり、明治天皇は多数の臣下を引き連れ全国へと赴いた。今もその足跡は記念碑などとして各地に残っている。

やがて天皇の行幸は産業の振興のきっかけになり、自宅が行在所や休憩所になれば家の名誉になるというので、まるで大河ドラマやスポーツ大会のように誘致合戦が行なわれるようになった。

研究者の佐々木克《すぐる》氏は「近世の天皇と近代の天皇の決定的違いは、天皇が『見えない』存在から『見える』存在となったことである。もっとも、天皇が自分の意志や力で、そうなったわけではない。幕府や明治政府の指導者たちが、政策としてそのような天皇にした」(『集英社版 日本の歴史17 日本近代の出発』集英社)と論じているが、まさにその通りだろう。

明治天皇はまた、西洋料理を食べたりした。開通した鉄道に初めて乗ったり、いち早くちょんまげを切り落として洋服を着たり、西洋料理を食べたりした。するとこれを機に国民も安心して同じ行動をとるようになる。つまり、近代化のパイオニア的な存在だった。

しかし「天皇個人は洋化そのものを好んではいなかった。一生、洋服より和服を好み、外国人に会うのを避けたがり、ダンスは嫌いで、ある皇族のパーティでダンスが始まったと き退席したほどだった」(飛鳥井雅道著「近代天皇像の展開」『岩波講座 日本通史 第17巻』所収 岩波書店)という。いずれにせよ、こうした明治政府の政策によって、天皇が人々の前に姿を現し、徳川将軍や大名に代わる新たな日本の王であることが浸透したのである。

◆明治政府の意図した国家モデルと天皇家

明治政府は同時に、皇族と並ぶ天皇の藩屏《はんぺい》(皇室を守護するもの)となる家を作り上げていった。それが、**華族**だ。政府が掲げた四民平等思想とは相容れないが、明治二年（一八六九）の版籍奉還後、公家や大名家（諸侯）を華族とした。その後、岩倉具視が中心となり、華族の保護と特権化を進めていった。

さらに伊藤博文は、議会が開かれたさい藩閥政府を守るため、上院（貴族院）を保守的な華族で構成しようと考え、明治十七年（一八八四）に**華族令**を制定。五百家以上に爵位を与え、その身分を保障するとともに爵位を世襲とした。

ただし、公家や大名家だけでは貴族院の運営は心許ないと考え、明治維新で活躍した八十家以上が新たに華族に取り立てられた。もちろんその中心は、伊藤博文や山県有朋、黒田清隆など薩長閥の人間だった。このように**天皇の藩屏という名目で、藩閥政府を維持する新たな家々が創出されたのである。**

明治二十三年（一八九〇）、家制度を規定する民法が公布されたが、フランスの影響が強いものだったこともあり、「民法出デテ忠孝亡《ほろ》ブ」という批判が噴出して議会で施行延期が決まり、結局、新たに作り直された。

民法のうち**家族法**については、明治三十一年に公布・施行された。家の戸主（家長）の権限が非常に強く、家族の結婚や独立（分家）なども戸主の同意が必要だった。しかも戸主は男に限られ、妻の離婚請求権も制限され、嫡男が家の相続をするなど、男女不平等なものだった。ちなみに政府は、武士の家制度をモデルに民法の家族法をつくった。

こうした天皇の機関化、華族の創出、民法の家族法によって、政府は日本をどのような国家にしようと考えていたのか。

それについて研究者の山室信一氏は、「この父系単独相続の『家』は、戸によって把握された家族の聯《つら》なりとしての国家という観念を媒介として、万世一系の天皇家へとつながり、すでに幕末以来説かれていた天皇を日本のすべての家族の宗家とする考え方に収斂していく」と述べ、これがさらに「家族国家観」へと発展していったとする。

すなわち、「日本の国家そのものが皇室を宗家とする一大家族として君民が一体となっているという側面と、それぞれの家における祖先崇拝や親子関係を皇室・天皇と国民との関係と同視して孝と忠が一体のものであると説く側面をもつ」(「明治国家の制度と理念」『岩波講座 日本通史 第17巻』所収 岩波書店)と論じている。

このように、現在も日本人が天皇をありがたく感じるのは、天皇家が日本人の宗家であるという明治政府によって創出された観念が、今なお継続しているというのが一つの理由ではないかと思う。ただ、それだけですべてを説明するのはもちろん不可能だ。そこでさらに、貴種や名家を尊ぶ淵源を探し、歴史をさかのぼっていこう。

3

有事に輝き始める天皇
……貴種を担ぐ倒幕派と佐幕派

◆安政の大獄

前節で、最古の家筋である天皇家への日本人の尊崇について述べてきたが、幕末はそんな天皇という存在がにわかにクローズアップされた時代でもあった。

江戸時代の庶民は、歌舞伎や人形浄瑠璃などによって天皇家の存在だけでなく、天皇の固有名までかなり知っていた。

また、武士や知識人なら、徳川家の当主を征夷大将軍に任命したり、武家に官位を与える存在であることもわかっていた。ただ、それはあくまで形式的、名目的な役割であり、天皇は政治的にはなんら力を持たなかった。

だが、ペリー来航以後、急速に政治的な影響力を持つようになる。

幕府が列強諸国と結んだ不平等な通商条約のせいで、輸出品を筆頭に諸物価が高騰する。このため攘夷思想（外国人排斥思想）が高まった。孝明天皇が大の外国人嫌いであったことから、弱腰の幕府に愛想を尽かした下級武士（志士）たちが、天皇のもとに結集し外国人を追い払おうと尊皇攘夷運動を展開する。

この運動を弾圧（**安政の大獄**）した大老の井伊直弼が暗殺される（**桜田門外の変**）と、**志士（浪士）たちは急進的な公家と結び付いて朝廷の実権を握った。**

彼らは天皇を奉じて軍勢を結集して外国人を駆逐するとともに、江戸幕府を倒そうと構想したのである。

このように、外圧や大老の暗殺で、幕府の屋台骨が揺らぎ始めたとき、別項で述べた太平洋戦争末期の昭和天皇のように、孝明天皇という存在が急激に輝き出した。

ただ、孝明天皇は攘夷主義者だが、幕府を倒そうとは夢にも考えていなかった。**幕府あっての朝廷だという認識を持っていたのである。**

天皇の真意を知った公武合体派（幕府と朝廷が協力して政治を運営すべきと考える一派）の薩摩藩と会津藩は、文久三年（一八六三）、クーデターによって朝廷から過激な長州系の志士たちを追い払った（**八月十八日の政変**）。

以後、天皇の信頼を得た一橋慶喜や京都守護職の松平容保（会津藩主）が、京都で政権を握った。しかも、江戸の幕府に対抗しうる、新たな政治権力となったのである。天皇や朝廷の権威がいかに高いものだったかが、よくわかる。だからこそ、慶応二年（一八六六）十二月末に孝明天皇が急死（毒殺説あり）すると将軍慶喜は政権を維持できなくなり、わずか十カ月後に政権を投げ出した（**大政奉還**）のである。

◆王政復古の大号令〜鳥羽・伏見の戦い、江戸城無血開城

孝明天皇の死後に即位した睦仁《むつひと》親王（明治天皇）は、満年齢でいうとわずか十四歳だった。倒幕派の大久保利通と岩倉具視らは、朝廷の実力者である正親町三条実愛《おおぎまちさんじょうさねなる》や中山忠能《ただやす》（明治天皇の外祖父）らを引き込み、慶応三年十二月九日、五藩（薩摩、土佐、芸州、尾張、越前）のクーデターを決行、**王政復古の大号令**（新政府樹立宣言）が発せられた。

これにより幕府は正式に廃止され、新政府の重要な役職として三職（総裁・議定《ぎじょう》・参与）が設置された。この夜、三職が集められ、天皇臨席のもとに会議が開かれた（小御所会議）。

倒幕派は、この会議で慶喜の内大臣辞任と領地（一部）の返上を決定させるつもりだった。徳川を怒らせて暴発させ、武力によって同家を倒そうと企図したのである。

ところが会議の冒頭で、親徳川派の山内容堂（元土佐藩主）が「この会議に慶喜を招かないのはおかしい。ぜひ呼ぶべきだ。ものものしく兵で宮門を固め、このような会議を開くのは陰険であり、幼君を押し立てての策謀だ」と激高する。

松平慶永《よしなが》も「慶喜がいないのは公平ではない」と、後藤象二郎らとともに、容堂の意見

に賛意を示した。

するとと岩倉具視は「幼い天子を押してというのは、何事だ」と一喝。最終的には倒幕派が反対する人々を恐喝し、強引に慶喜の辞官納地を決定した。

怒った旧幕府軍が京都へ進撃を始め、新政府軍（薩長軍）との間で武力衝突が起こった（**鳥羽・伏見の戦い**）が、旧幕府軍は敗れ、徳川家は新政府軍に江戸城を明け渡した。

◆対抗馬として担がれる輪王寺宮《りんのうじのみや》

江戸無血開城の翌月、新政府軍は大人数で上野山にたむろする彰義隊（旧幕府勢力）に攻撃をしかけて壊滅させた。

上野寛永寺の貫首（山主《さんす》）は彰義隊に加担していたが、このとき新政府に降伏せず、脱出して東北地方へ走った。寛永寺の山主は、比叡山延暦寺と日光山の山主も兼ね、朝廷から輪王寺宮という称号が与えられてきた。このときの輪王寺宮は、伏見宮邦家親王の子で、明治天皇の義理の叔父であった。

ちなみに上野寛永寺をつくったのは、家康の腹心だった天海僧正である。天海は「寛永寺に皇族を迎え、幕府の敵対勢力が天皇を奉じて倒幕の兵を挙げたとき、寛永寺の皇族を擁立して対抗させようとした」といわれる。実際、後水尾《ごみずのお》天皇の子（守澄法親王《しゅちょうほっしんのう》）が寛永寺の第三代貫主となって以来、皇子や皇族が代々この地位についている。

さて、その後の輪王寺宮である。彼は旧幕府艦隊で平潟に上陸して会津に入った。そして奥羽越列藩同盟（新政府に対抗する組織）の拠点である白石城（仙台藩領）に移り、公議府（同盟軍の政治組織）の盟主となった。このように輪王寺宮は、新政府が奉じる明治天皇に対し、その対抗馬として担がれたのである。

公議府の象徴となった輪王寺宮は、諸大名へ向けて「賊が幼い明治天皇を脅して暴虐なことをしている。君側の奸《かん》を排除せよ」という令旨《りょうじ》（皇族の命令）を発した。一説には、なんと輪王寺宮は即位して東武皇帝を名乗り、新元号も制定したという。

結局、東北・北越諸藩は、新政府軍に敗北して奥羽越列藩同盟は瓦解、輪王寺宮も江戸をへて京都に護送され、宮様の身分を剥奪され蟄居となった。

いずれにせよ、**外圧により大きな力を持った幕末の天皇や皇族は、政権の正統性を示す象徴として、諸勢力から政治利用されたのである。**

ただ、江戸幕府も愚かではない。天皇が政治利用されぬよう、徹底的に予防線を張っていたのである。そうしたことも含めて、江戸時代の状況へとさかのぼっていこう。

4 家康が朝廷をがんじがらめにした理由

……禁中並公家諸法度、天一坊事件と江戸時代の系図買い

◆席次まで決めて無力化

江戸幕府は、朝廷や天皇を「敬して遠ざける」政策を貫いた。

建前上、朝廷は徳川家の当主を征夷大将軍に任命し、政権を委任してくれる。だから徳川家康も朝廷を尊び、慶長六年（一六〇一）、戦国期に領地を減らした朝廷に一万石を進呈した。しかし、皇室領（禁裏御料）の管理は、幕府が自ら行なっている。

また、朝廷や西国大名の監視を行なう京都所司代を新設し、日常的に朝廷や公家の動向に目を光らせた。

さらに幕府（京都所司代）の指示を朝廷に伝える武家伝奏の職をもうけた。定員は二名。公家から選ばれ、幕府が給与（役料）を支給した。

慶長十八年（一六一三）には公家衆法度を出して、公家は代々の学問（家業・家職）に励み、禁裏小番（宮中を昼夜警備する仕事）をつとめるよう規定した。

次いで元和《げんな》元年（一六一五）、**禁中並《ならびに》公家諸法度**を定め、朝廷を運営するあり方を明らかにし、天皇や公家の生活、公家たちの席次や昇進にまで法的に規制を加えた。このように**家康は、朝廷や天皇を政治的に無力な存在にしようとしたのである。**

逆にいうと、ここまでがんじがらめにする必要があったのは、戦国時代、天皇家が戦国大名たちに利用され、かつ、豊臣秀吉が朝廷の威光を背景に政権を打ち立てたことが理由だった。それについては、のちに別項で詳しく述べることにする。

さて、ときおり芸能人や政治家の学歴詐称が問題になるが、じつは徳川家も、経歴詐称の疑いがあるのだ。征夷大将軍になれる家柄は、清和天皇という貴種を祖とする源氏というのが当時の慣例だった。

家康は、「得川（徳川）義季《よしすえ》（清和源氏の嫡流である新田義重の四男）が自分の始祖であり、のちにその子孫が流浪して三河の土豪・松平氏の聟《むこ》となったので、私の家系は清和源氏である」と主張した。確かに、家康の祖父清康も源氏を称していたこともあるので、昔からそうした伝承があったのだろうが、家康と得川義季をつなぐ家系図には、実在を確認できない人物が何人かいる。そういった意味では、うまく系図をつなげて、己の出自を清和源氏にした疑いが濃厚なのである。

◆「偽系図」のプロ

じつは戦国・江戸時代には、**偽系図をつくるプロ**がいた。

有名なのは沢田源内である。農民の子として生まれた源内は、頭が良かったが手癖が悪く、仕える寺院や主家で盗みを繰り返していた。

その後、どこで覚えたのか、中世に成立した『尊卑分脈』などを利用して偽系図をつくり、自分のことを近江源氏佐々木氏から分かれた六角氏嫡流、佐々木（六角）義綱だと偽り、水戸藩に仕えようとしたのである。だが、この話を知った佐々木氏が「それは嘘だ」と訴えたために逃走。以後、姿を隠しながら、膨大な偽系図や偽書をつくったのである。あまりに数が多いため、後世の歴史にも狂いが生じるほどだったとされる。

こうした系図を創作する者は少なくなかった。

兵法家で知識人の日夏繁高《ひなつしげたか》（一六六〇～一七三一年）が編集した『兵家茶話』には、「最近は偽系図を請け負う『系図知り』という者がいて、諸家の系図を妄作するので、その先祖を間違える人が多い。こうしたことは、幕府の書物奉行だった浅羽成儀《あさばなりのり》に始まるという。松下重長も諸家の偽系図をつくっている。また、多々良玄信という盲人がいるが、この人は諸家の系図を暗記していて、相手の望みに任せて系図を創作するという」などと書かれている。

調べてみると多々良玄信というのは、とんでもない男だったらしい。江戸後期に原念斎が著した『先哲叢談《そうだん》』（儒者たちの伝記）に載る話を紹介しよう。

ある日、多々良玄信が儒者の二山伯養《ふたやまはくよう》の家に立ち寄った。このとき伯養が「私の妻の先祖は垂水某《たるみぼう》といい、かつて伊勢の国司に仕えたらしいが、はっきりしたことがわからないので残念に思っている」と告げた。

すると玄信は「それは、垂水広信のことです。広信は河内守と称し、伊勢国垂水の出身。後醍醐天皇に仕えたが、その諫言が採用されなかったので致仕しました。たいへん好学な人で『嘉文乱記』六十五巻を著しています。そのほか、彼の業績は『長済集』に詳しく載っていますよ」と即答したのだ。さらに玄信は、「私がその部分を暗唱してみますので、ぜひお聴き下さい」と言い、すらすらと垂水広信の逸話を語り出したのである。

狂喜した伯養は、「吾子（あなた）の記憶、誠に天性に出づ」と感激し、「もう一回、繰り返してほしい。そのまま書き写しますから」と頼むと、玄信はよどみなく同じ文章を喋り出したという。

伯養は、すぐに京都の知人・藤井懶斎《らんさい》に連絡をとった。藤井が『国朝諫諍録《こくちょうかんそうろく》』（主君を諫めた家臣の逸話集）を撰しているのを知っていたので、垂水広信の逸話を採録してもらおうとしたのだ。ところが、後日、驚くべきことが判明する。いくら探しても、玄信のいう『嘉文乱記』や『長済集』という書物が見当たらないのだ。それどころか、垂井広信という人物の実在すら確認できない。すべては多々良玄信の妄言だったのである。それにしても、ここまで嘘がすらすら出てくるとは、さすが世に知られた偽系図のプロである。

◆何がなんでも「貴種とのつながり」

なお、研究者の青山幹哉氏は、「浅羽成儀や松下重長については明確な偽作の記録はない」(「中近世転換期の系図家たち」『名古屋大学文学部研究論集(史学)131号』一九九八年)としながらも、「根本的な問題は、系図を作成すること自体にあったのではないか」と述べる。じつは、大名や旗本は江戸幕府に自分の系図を提出しなくてはいけない決まりになっていた。

つまり、「幕府へ系図を提出しなければならないという事情が大名・旗本にはあったわけだから、系図作成者は重宝されたに違いないが、その系図とはやはり注文主の期待に沿ったものでなければならない」(前掲書)ないという事情があったのだと、青山氏は論じる。

言い換えれば、**系図作成者はデタラメや嘘にならない程度の脚色を注文主から期待されていたわけである。**また、武士は仕官のさいにも系図を提出したから、ますます系図のプ口の需要は増していった。

さらに江戸後期になると、庶民階層まで偽系図が広まっていく。それは、自分の「家筋」＝家の出自を示す系統を飾るためである。

研究者の竹内利美は、「世代を超えて相承される『家』制度のもとでは、各人が帰属する『家』の質が個人的評価を大きく左右したので、家格（家柄）の良否を判定するうえで、その出自系列はとくに重視された」（『国史大辞典』吉川弘文館）と述べる。しかも「家筋は『家』創設に際して本源の『家』（本家）の質で決まり、それは恒久的に変わらない。『本家』の家格の良否がつまり決定的であ」（前掲書）るとする。

江戸時代、武士は主家に仕え、農民は農業を営み、商人は商いをした。原則、職業が変わることはない。農家の主（家長）の仕事は、世代が代わっても農業である。つまり、職業は家業でもあった。そして、家の家業や家産は家長から次の家長へと継承されていく。そうした中で、家の保持や名誉を守ることが大事となった。

つまり偽系図を用いて貴種と自分の家系がつながっていることを示すことで、家格は上がり、家の名誉だけでなく、そこに所属する個人の評価まで高まるのである。だからこそ、江戸時代の人々は貴種や名家を尊ぶようになったのではないだろうか。

『大岡裁き』（名奉行・大岡越前の名裁きを集めた書物）に「天一坊事件」というものがある。将軍吉宗の御落胤《ごらくいん》のフリをして大名に成り上がろうとした天一坊の悪巧みを、大岡越前が見事に見抜いて未然に防ぐという内容だ。

この話は史実ではないが、元になる事件が存在する。それが**源氏坊改行事件**である。源氏坊改行という山伏は、将軍吉宗の御落胤を匂わせ、「近々自分は大名に取り立てられる」と言いふらし、周囲の人々から金品を巻き上げていた、せこい詐欺師だった。そんな言い分を信じて金を渡すほど、人々は貴種に憧れていたのである。

◆「吉良家」に見る家康の狙い

さて、話は変わる。

忠臣蔵の敵役として有名な**吉良上野介**だが、彼は高家肝煎《こうけきもいり》（筆頭）という職を務めていた。

高家とは、朝廷の儀式典礼を司り、勅使の接待や京都への使者を務めるとともに、日光東照宮や伊勢神宮をはじめとする諸社への代参、幕府の諸儀式のさい、御三家や国持大名の給仕をし、平時は老中の登城退出の送迎を行なう役である。

ただ、高家になるには絶対的な条件がある。名族の末裔であることだ。幕府は足利将軍家、織田信長、武田信玄、今川義元などの血筋を汲む家を高家に任命したのである。

ちなみに吉良氏は、足利氏の一族だ。高家の家数は全部で二十六あり、武家出身十八家と公家出身八家に大別できる。家禄は一万石を超える家はなく、畠山氏の四千石が最高で、平均すれば二千石程度である。三千石の吉良氏は、高家の中ではかなり高禄だったといっていい。

そもそも高家の誕生は、家康の時代にさかのぼる。家康が将軍職を拝命する際、大沢基宿《もといえ》が儀式を司ったのを始まりとする。高家の創設は、名族の血統を尊重し、それを保持するという意味合いが強く、代々世襲制とされた。また、貴種であるから官位は大名に匹敵するほど高く、大名扱いを受けたのである。

ただ、幕臣が多くいるわけだから、その中からふさわしい者に朝廷の儀式典礼を司らせてもよかったはず。にもかかわらず名家を高家にしたのは、**家格の高い家柄を配下にしているということで、徳川家（幕府）の声望を高める狙いだったのだと思われる。**

以上、江戸時代における為政者や人々の貴種や名家に対する扱いや考え方を見てきた。さらにさかのぼって、戦国時代の人々がどう考えていたのかを、次に詳しく語ろう。

下剋上という実力主義の時代ゆえ、江戸時代とはまったく逆だったと思うかもしれないが、じつは意外な事実が判明するのである。

5

貴種や名家を利用した戦国大名
……早雲、謙信、信長、秀吉、家康

◆下剋上の世こそ

亨徳の乱、応仁の乱、明応の政変などにより、室町幕府が中央政権として機能しなくなり、地方では独力で分国を支配する権力者が登場してくる。それが戦国大名である。彼らは幕府の守護や守護代だったり、有力武士である国人だったりと、その出自はさまざまだったが、周辺大名と争いながら領国を拡張していった。

一方、主君であっても無能ならば、隙を突いてこれを倒したり、主家から離れて別の家に仕官する武将も多かった。いわゆる下剋上の世である。

そんな無秩序な戦国時代ゆえ、貴種や名家はまったく価値がなくなり、衰退してしまったと思うかもしれない。

だが、それは大きな間違いだ。**むしろ実力主義の時代だからこそ、己の立場をさらに大きく見せようと、天皇家や将軍家とのつながりを求めたり、朝廷から官位をもらったり、名**

家である公家から妻を迎えたりしたのである。

たとえば、駿河・遠江の今川氏の客将だった北条早雲は、にわかに伊豆に軍事侵攻して同国を制し、さらに相模国へ進出した。ただ、意外なことに早雲は、生きている間、「北条」と名乗ったことはないのだ。

北条姓を名乗るのは、息子の氏綱の時代からである。

これは推測できると思うが、執権や得宗《とくそう》として鎌倉幕府の実権を握った北条氏に自分をなぞらえようとしたのである。伊豆・相模を領国化し、武蔵国へ進出していく中で、**氏綱は関東の武士たちに「よそ者感」を与えない配慮が必要だと感じたのだろう。**

とはいえ、北条早雲も立派な名家の出であった。**かつては名も無き浪人だといわれていたが、近年は室町幕府の重臣（政所執事《まんどころ》）・伊勢氏出身だということが判明している。**

ならば氏綱は、伊勢氏のままで良かったのではないか、と思うかもしれない。ただ、関東の武家を配下に置くためには、関東で有名な北条氏のほうが都合が良かったのだろう。

◆鎌倉幕府の時代に戻そうとした謙信

さて、室町時代、幕府の機関として関東を統治していたのは鎌倉府である。その長官を鎌倉公方《くぼう》といって、足利尊氏の子孫が就任した。それを補佐するのが関東管領であり、代々上杉氏が就いていた。

早雲の時代、鎌倉公方は堀越公方と古河《こが》公方に分裂していたが、早雲は堀越公方の御家騒動を利用して公方を自称する茶々丸を倒して伊豆を支配下に置いた。ただ、古河公方はその後も存在し、関東の武士たちから尊崇を集めていた。

北条氏綱は、そんな古河公方第四代の足利晴氏と娘（芳春院）を結婚させ、公方の親類になることで北条氏の家格を高めた。さらに、晴氏から関東管領に任じてもらい、関東を支配する正統性を獲得しようとした。

氏綱の子・氏康は、北条氏に逆らった晴氏を幽閉し、晴氏と芳春院の間に生まれた義氏を古河公方にすえた。これにより、北条氏の血筋が入った古河公方が誕生し、公方の権威を取り込んだ北条氏の声望はますます高まったのである。

同時に北条氏は、もう一つの伝統的権威である関東管領上杉氏とは、徹底的に対立する道を選んだ。北条こそが、古河公方を支えて関東を支配する関東管領だと自任していたからだ。

こうして北条氏康は、関東管領の上杉憲政を次第に追い込んでいった。すると憲政は、関東を捨てて越後の長尾輝虎のもとに逃げ込んだ。そして輝虎の強さを見込んで、彼に上杉の名跡と関東管領の職を譲渡したのである。

こうして上杉謙信が誕生するわけだが、謙信は戦国武将としては珍しく、かつての室町幕府が支配していた時代に世の中を戻すことを理想とした。伝統的権威を崇敬し、将軍足利義輝の求めに応じて二度も上洛するほどだった。

謙信は、以後たびたび関東に侵攻して各城を次々と陥落させていったが、彼の目標は関東管領として北条氏を征伐し、鎌倉府の時代に時計の針を戻すことであった。

◆「信長は先進的ではなく復古的」は本当か

そんな復古的な謙信に対比されるのが、織田信長だろう。

信長は楽市楽座、関所の撤廃、傭兵の雇用、天守の創建など先進的な政策で知られているが、近年の研究では、むしろ戦国大名としては後進的だったという評価が出てきている。

さらに、全国統一を目指して「天下布武《ふぶ》」の印を用い、足利義昭を奉じて上洛したという定説も崩れつつある。

「天下」というのは、全国を意味するわけではなく「畿内」のことであり、「布武」というのは、信長による武家政権の創出ではなく、室町幕府を復活させるという意味だというのである。それが事実だとすると、確かにかなり復古的であろう。

ただ、事はそう単純ではないようだ。

研究者の池上裕子氏は「天下布武によって天下静謐《せいひつ》を実現した後は幕府に静謐維持を担わせ、みずからは分国支配・分国拡大戦に邁進し、全国を平定しようと考えていた」（『人物叢書 織田信長』吉川弘文館）と論じている。

また、「信長は、形の上で朝廷を崇敬し、幕府を存続させて将軍を上位にいただく形をとった。朝廷は権力をもたないが、信長が勅命講和の形で危機を回避したり、本願寺を屈服させたりしたように、軍事的・政治的に利用価値が高かった」（前掲書）と述べている。要は信長にとって幕府や朝廷は、己の分国を拡大するための道具だったというわけだ。

ちなみにそんな古い権威の利用価値を最も認識していたのが、信長が将軍に擁立した**足利義昭**自身だった。

義昭は将軍として行動しようとしたが、強く信長から行動を規制されるようになった。それは、「天下の秩序や朝廷・幕府は信長から自立して存在しうるものであってはならず、幕府の力が自立して天下の枠外に拡大されてはならなかった。幕府再興といっても、幕府・守護体制を復活させ、諸国の幕府直轄領や奉公衆を回復させるようなことを信長が考えていたわけではない」（前掲書）からであった。

そんな信長の意図を見抜いた義昭は、密かに大名や宗教勢力と連絡を取り合い、信長包囲網をつくり上げたのである。信長は包囲網にひどく苦しめられたが、この事実は室町将軍という権威が当時も健在だった証拠であろう。

◆朝廷に近づく秀吉と、それを見ていた家康

だから**羽柴秀吉**も、全国平定が目前に迫ると、まだ存命であった足利義昭に対し、自分を猶子にしてほしいと依頼している。義昭の養子となり足利将軍家の名跡を継ぎ、征夷大将軍になって幕府をつくろうとしたのだろう。

だが、**出自すら定かでない秀吉を猶子にすることを、義昭ははっきり断った。**

そこで秀吉が政権の正統性を保証する権威として次に選んだのが、朝廷であった。関白（朝廷の最高職）の地位をめぐって貴族たちが争っているのを知ると、秀吉は元関白の近衛前《このえさき》久《ひさ》の猶子となり、自分がその職に就いてしまったのだ。

その後、正親町天皇から新たに「豊臣」の姓をもらい、太政大臣に就任する。さらに朝廷の権威を背景に、全国の諸大名に対して停戦を命じ、壮麗な聚楽第という邸宅に後陽成天皇の行幸を仰ぎ、帝の前で諸大名に秀吉への忠誠を誓わせたのである。

こうして貴種になった秀吉は、かつての自分の苗字だった羽柴姓を有力大名に下賜して

いった。

　ただ、秀吉の死後は幼い秀頼が後継者だったことで、たちまち豊臣政権はゆらぎ始め、石田三成派と徳川家康派との間で関ヶ原合戦が起こる。戦いは数時間で家康の勝利に終わるが、これを予測できた大名はほとんどいなかった。

　東西どちらにつくかは、御家の存亡に関わった。このため、真田家は父・昌幸と息子・信幸が東西に分かれたが、じつは多くの大名家も、密かに家の存続を図り、同じような行動に出ていたのだ。かくも家を存続させるということは、戦国大名にとって重要なことだったのである。

　ともあれ、**関ヶ原合戦で覇者となった家康は、名も無き秀吉が朝廷の権威を背景に豊臣政権を創出していくのを目の当たりにしたので、自分が幕府を開いた後、朝廷が政治利用されぬよう、徹底的に抑え込んだのである。**

　以上のように、戦国時代という乱世であっても、朝廷や幕府の権威は大きな力を持っていたわけだ。

　では、さらに時代をさかのぼって、室町時代がどうだったかを見ていこう。

6 無名の新田義貞の快挙と限界
……鎌倉幕府の滅亡と南北朝の動乱

◆足利尊氏の遠謀

新田義貞は、後醍醐天皇の呼びかけに応じて倒幕の兵を挙げた。

義貞は、清和源氏の嫡流で上野国新田荘の御家人だったが、三十歳を過ぎても無位無官で、世間からも注目されていなかった。なのに新田軍は数十万の大軍に膨れあがり、あっという間に鎌倉へなだれ込み、鎌倉幕府を滅ぼしたのである。

なぜそれが可能だったのか。

もちろん彼自身が清和源氏（名家出身）だったということもあるが、一番の理由は軍勢の中に、義貞を超える貴種がいたからだ。それが**千寿王**《せんじゅおう》である。

新田軍は利根川を越えて武蔵国へ入ったところで、二百騎でやって来た千寿王と合流する。千寿王は足利尊氏（高氏）の嫡男で、このときわずかに四歳。事前に合流の約束ができていたのか、それとも義貞の挙兵を耳にして参じたのかは判然としない。

じつは鎌倉幕府は、重臣である足利尊氏に対し、倒幕を掲げる後醍醐天皇の勢力を平らげるべく上洛を命じた。清和源氏の足利氏は、源頼朝直系の将軍家が絶えた後、幕府に重用されて勢力を伸張させ、所領において北条氏に次ぐ規模を持ち、源氏の嫡流のように見なされてきた。

だが、上洛すると尊氏は、幕府を裏切って後醍醐天皇方について六波羅探題（幕府の重要機関）を滅ぼしたのである。すでに連携がとれていたのだろう。千寿王は密かに鎌倉から離脱し、新田軍に合流したのである。

『太平記』は、千寿王の来援により上野・下野・上総・常陸・武蔵などから武士たちが「期せざるに集まり、催さざるに馳着た」といい、同日夕方には、総勢で二十万七千騎に膨れあがったとする。

『梅松論』にも、その数二十万余とある。

ちょっと誇張が過ぎ、実際は数万程度だったように思うが、それでも新田義貞の声望では、これだけの軍勢は集め得なかったろう。

『増鏡《ますかがみ》』には「高氏の末の一族なる新田小四郎義貞といふもの、今の高氏の子（千寿王）四に成りけるを大将軍にして、武蔵国より軍を起してけり」とある。また、『神皇正統記』は

「上野の国に源（新田）義貞といふ者あり。高氏が末の一族なり」と誤記している。

つまり、当時の人々は、倒幕軍の総大将は足利尊氏（代理としての千寿王）であり、義貞は足利一族で軍事上の最高司令官だと見なしていたことがわかる。

このように、**足利氏が名家であり、千寿王が貴種であったことが、武士たちを新田軍に誘引したのである。**

実際、鎌倉が陥落すると、倒幕に参加した武士たちは、義貞ではなく四歳の千寿王のもとに参集するようになった。さらに、尊氏が派遣した関東討伐軍が鎌倉に到着、同軍を指揮していた細川三兄弟（和氏・頼春・師氏《もろうじ》）は、義貞に対し「勝負を決せん」と迫ったという。

勝ち目がないと判断した義貞は、「自分に野心はない」と記した起請文《きしょうもん》を足利方へ差し出し、一族を引き連れて鎌倉を去って上洛した。その後鎌倉には、尊氏の実弟直義《ただよし》が入り、関東は足利氏が実質的に支配するところとなったのである。

無名な義貞では、尊氏の血統と声望には勝てなかったのである。

おそらく尊氏は、そうしたことをすべて計算に入れたうえで、千寿王を新田軍に参加させたのだろう。

かたや義貞は、当初鎌倉を攻略する自信がなかったので、千寿王の来着で味方が増えると、その参加を単純に喜んだ。きっと、尊氏の遠謀など、推し量る余裕もなかったはずだ。が、幕府の崩壊が現実的なものになってくると、義貞にも野心が芽生えてくる。その段になって尊氏の老獪さに気がつき、鎌倉攻略戦では、できうるかぎり新田氏主導を前面に打ち出して戦いを進めていったが、もはや手遅れ。結果的に鎌倉陥落の手柄を足利氏に奪われることになってしまったのである。

そういった意味では、義貞は卓越した戦術家であったかもしれないが、政治家としては、尊氏の足下にも及ばなかったといえよう。

◆正統・南朝の威力

だが、そんな尊氏も後醍醐天皇の声望には勝てなかった。

尊氏は後醍醐天皇に叛旗を翻し、京都へ攻め入って後醍醐を捕縛し、建武政府を倒した。そして新たに皇族の豊仁《とよひと》親王（後伏見天皇の子）を即位させて光明天皇とし、天皇から征夷大将軍に任命してもらい、室町幕府を開いたのである。

いっぽう、後醍醐は京都を脱して吉野に移った。こうして朝廷は、光明天皇の北朝と後醍醐天皇の南朝に分かれた。

さて、その後尊氏は弟の直義と対立、室町幕府は内乱状態に陥る。このとき直義は南朝に降伏し、以後、南朝の威光を背景に尊氏に対抗するようになる。北朝はあくまで幕府の傀儡で、南朝こそが正統な朝廷であると武士たちが認識していたので、こうした行為に出たのである。

すると驚くべきことが起こる。**なんと尊氏まで南朝に帰順したのである。そうしなければならないほど、南朝という名家の力が強かったのだ。**

これにより、南朝の後村上天皇は、尊氏の征夷大将軍を解任。北朝は廃絶となった。だが、これはあくまで一時的な措置で、直義派を制すると、再び尊氏は南朝から離れて北朝を再建、征夷大将軍に復帰したのだった。

ちなみに勢力が弱小になっても、南朝が六十年以上続いたのは、その後も南朝の正統性を利用しようとする人々が存在したからである。

このように、室町時代も貴種や名家は人々に敬われ、為政者たちに必要とされてきたのである。

それでは、鎌倉時代はどうだったのだろう。さらにさかのぼって考察していこう。

7

鎌倉幕府、皇族を旗印に全国政権へ

……承久の乱と皇族将軍

◆幕府の弱体化につけ入る後鳥羽上皇

承久元年（一二一九）一月二十八日、鎌倉幕府の三代将軍源実朝は、右大臣叙任を先祖神に感謝する拝賀の儀式のため鶴岡八幡宮へ入った。

儀式を終え社殿からの階段を下っていたとき、いきなり躍り出た男に斬り殺されてしまった。犯人は前将軍頼家の遺児・公暁《くぎょう》だったが、これにより頼朝から続く源氏将軍はわずか三代で絶えてしまった。

当時、朝廷を牛耳っていたのは後鳥羽上皇だった。

風雅の道に秀で、蹴鞠や琵琶演奏、奏笛もよくしたが、とくに力を入れたのは和歌だった。和歌所を設置し、『**新古今和歌集**』の編纂を命じている。

また、馬にまたがり笠懸《かさがけ》や競馬《くらべうま》を楽しみ、宮中では太刀を制作して貴族に下賜した。自ら盗賊を捕縛したという伝承も『古今著聞集《ここんちょもんじゅう》』に載る。武芸の達人でもあったのだ。

当時、政権は東の幕府と西の朝廷に二分されていた。源頼朝は娘の大姫《おおひめ》を後鳥羽に入内させ、外戚になって公武政権の統一を目論んだが、頼朝の死後、**関東の武士は朝廷からの独立を最優先し、西国へはあえて力を伸ばさず、東国の結束を図ってきたのだ。**

また、将軍実朝が和歌に秀でた後鳥羽を心底敬愛し、「君」と呼んで臣従してきたので、後鳥羽は実朝を通じて幕府を統制下に置こうと考えたらしい。目指すところは、公武合体による上皇親政であった。

けれど将軍実朝がにわかに殺されてしまう。当時、幕府は北条氏など有力な御家人が実権を握っており、清和源氏の血を引く将軍はお飾りだった。とはいえ、御家人を糾合する武家の棟梁たる血筋は、武家政権になくてはならぬ存在だった。だが、実朝に子がなかったため、困り果てた幕府は後鳥羽の皇子をもらい受け、新将軍にすえたいと朝廷に申し入れてきたのだ。清和源氏に替わり、皇族を神輿にしようというわけだ。

いずれにせよ、**鎌倉幕府も北条氏の実力だけでは御家人たちを従わせることができず、トップに貴種をすえる必要があったということがわかる。**

ちなみにこの状況を後鳥羽は、幕府の弱体化だと見た。後鳥羽は、そんな幕府に手をさしのべるのではなく、これを倒して一気に全国を手中に収めようと考えたのである。そう思ったのは、彼が武芸に秀でた剛毅な男だったからだろう。だから幕府の依頼をはっきり断り、密かに倒幕計画を立てるようになった。

では、幕府はどうしたか。仕方なく、皇族に次ぐ貴種を幕府の四代将軍に迎えることにしたのだ。九条道家の子・三寅《みとら》（後の頼経《よりつね》）である。九条家は平安時代に天皇の外戚として摂関政治を行なった藤原北家（摂関家）の流れを継いでいた。ただ、三寅はまだ幼児だったため、**北条政子**（頼朝の妻）が元服するまで後見役となった。このため政子が実質的に将軍の役割を果たしており、当時から尼将軍と呼ばれていた。

繰り返しになるが、**幕府の為政者は、政権の安定のためトップに皇族や貴族をすえざるを得なかった**わけで、鎌倉時代においても貴種が重要な役割を果たしていたことがわかるだろう。ちなみに幕府が摂関家から迎えた将軍は、**摂家（藤原）将軍**と呼ばれる。

◆上皇の権威に浮足立つ総大将・泰時

さて、後鳥羽は、北面の武士・西面の武士といった親衛隊と京都を警固している関東の御家人を流鏑馬揃《やぶさめそろえ》だと称して召集し、承久三年（一二二一）五月十四日、その場で幕府の執権・北条義時追討の院宣を下し、西国十四カ国の武士に挙兵を呼びかけたのである。

倒幕ではなく、北条氏の追討を挙兵の名目としたのは、御家人を分断する作戦だったと考えられる。

当時、天皇や上皇の権威は武士にとって絶大なものだった。だから京都警備のため在京していた御家人は、みな上皇方に加わった。この中には、政所別当の大江広元の長男親広《ちかひろ》や三浦義村の弟胤義《たねよし》といった有力な御家人も含まれていた。

院宣発布から四日後、鎌倉に挙兵の事実が伝わると、御家人たちは大いに動揺した。このときにあって御家人を結束させたのは、頼朝の妻北条政子であった。

政子は主たる御家人を集め、演説した。「皆心を一つにして聞きなさい。これが私の最後の言葉です」と切り出し、これまで御家人たちが受けてきた頼朝の恩の大きさを語り、「もし後鳥羽方に味方しようとする者がいるならば、私を斬ってからお行きなさい」と泣いた。感銘した御家人たちは、その場で上皇と戦うことを誓い合ったという。

こうして鎌倉幕府は、遠江国以東十五カ国に動員令を出し、北条泰時（執権義時の嫡男）を総大将にして東海道、東山道、北陸道の三手から西上していった。その数は合わせて十九万。

ところが、総大将の泰時が密かに鎌倉に戻ってきてしまう。そして父の義時に、「もし後鳥羽上皇が自ら出陣してきたらどうしたらよいか」と相談したのだ。それほど、皇族に刃向かうということは、武士にとって恐れ多い行為だったのである。

すると義時は、「そのときは、ただちに兜を脱ぎ捨て弓の弦を切って降伏せよ」と述べたので、安心した泰時は再び京都へ向かったという。

莫大な幕府軍に対して上皇軍は多くても三万。後鳥羽が予想していたほどに兵は集まらなかった。上皇軍はあっけなく各地で敗れ、簡単に宇治川の防衛ラインも破られて敗北を喫し、後鳥羽上皇も捕縛された。戦後、幕府は乱の首謀者である後鳥羽上皇を隠岐へ、土《つち》御門《みかど》上皇を土佐へ、順徳上皇を佐渡へ流した。

また、朝廷の監視と西国武士の統率を行なう六波羅探題を設置し、敵から没収した土地には、戦いでの功労者を地頭として配し、一気に西国への支配を広げたのだ。

かくしてこの**承久の乱**によって、公武の二元支配は解消され、鎌倉幕府が全国政権となったのである。

◆力がつくと送還された宮(親王)将軍

三代執権となった泰時の治世は、執権政治と呼ばれ安定していたが、泰時が仁治三年(一二四二)に五十九歳で没すると政争が始まる。原因は、四代執権経時がまだ十九歳だったことにある。経時は泰時の孫であり、本来なら泰時の嫡男時氏が執権職を継ぐべきなのだが、時氏は泰時より前に早世してしまっていた。

さて、寛元二年(一二四四)、四代将軍藤原頼経は、将軍職を嫡男の頼嗣《よりつぐ》にゆずり、大殿と呼ばれ幕府内に暗然たる力を持つようになった。

それから二年後、執権経時が二十四歳の若さで死んでしまう。経時の子はまだ幼児だったので、経時の弟・時頼が十九歳で五代執権となった。

これに不満を持ったのが、時頼の叔父・名越《なごえ》流北条光時だった。光時は、自分が執権の地位に就きたかったので、頼嗣や評定衆（有力御家人）の三善康持や千葉秀胤《ひでたね》、後藤基綱や藤原為佐《ためすけ》などと結んで密かに時頼の排斥を企んだ。

この情報を耳にした時頼は、若年ながら思い切った行動に出る。先手を打って鎌倉の入り口を封鎖し、前将軍頼経の御所を兵で囲んだのである。そして頼経を京都へ送還し、関係者を一斉に配流するという断固たる処置に出た。さらに建長四年（一二五二）、時頼は五代将軍頼嗣（頼経の子）も謀反の疑いをかけて京都へ強制送還した。

そして、摂家将軍に代わって後嵯峨上皇の第一皇子宗尊《むねたか》親王を六代将軍に迎えたのである。これを**宮（親王）将軍**と呼び、以後、鎌倉幕府が滅亡するまで四代続くことになるが、摂家将軍と同じく六代将軍・宗尊親王、七代将軍・惟康《これやす》親王（宗尊親王の子）、八代将軍・久明《ひさあきら》親王（後深草上皇の子）と、やはり将軍が成人して政治力を持つようになると、北条氏は理由をつけて都へ送還してしまった。

ならば、将軍など必要ないではないか、そう思うかもしれないが、貴種や名族をトップにすえ政権の安定を図るという考え方は、すでにこの時期には定着していたのである。

8

なぜ平清盛は太政大臣になれたのか

……保元・平治の乱と平氏の栄華

◆『平家物語』で読み解く異例の人事

さて、これまで貴種や名家について見てきたが、最後に平清盛の話をして締めたい。

清盛は**保元・平治の乱**で活躍し、後白河法皇の信頼のもとで急激に朝廷で力を伸ばし、朝廷の最高職である太政大臣となり、平氏一門を高位高官にすえた。

やがて後白河が清盛の排除に動くと、清盛は後白河の近臣を多く処罰（鹿ケ谷《ししがたに》の陰謀）。その後、高倉天皇に輿入れさせた娘（建礼門院）が男児を産むと後白河を幽閉、その子を即位させて安徳天皇とし、天皇の外戚として政治の実権を握った。

清盛は全国の約半数にのぼる知行国や五百余の荘園を手中にし、大輪田泊《おおわだのとまり》を修築して瀬戸内海に宋船を招き入れて日宋貿易で莫大な利益をあげた。また、強大な軍事力を持ち、西国武士を地頭（公領や荘園の現地支配者）に任命して家人とした。このため平氏一門の時忠は「一門にあらざらん者はみな人非人なるべし」（『平家物語』）、すなわち「平家にあらずんば人にあらず」と豪語したという。

それにしてもなぜ清盛は、朝廷の最高職である太政大臣に就任することができたのか。父の忠盛が殿上人まで出世したとはいえ、平氏はそもそも武家（武士）であり、貴族と比較するとその地位ははるかに低い。あの鎌倉幕府（武家政権）を開いた源頼朝でさえ、権大納言止まりだし、その後、武士の太政大臣が登場するのは、二百年以上後の足利義満まで待たなくてはならないのだ。


これについて、貴族社会が清盛の太政大臣を容認したのは、彼が最高の貴種である天皇の子だったからだという説がある。

清盛は、永久六年（一一一八）正月十八日に誕生したが、母親が誰なのか史実的には特定されていない。白河上皇の寵妃・祇園女御《ぎおんのにょうご》とする巷説が昔から存在した。しかし現在はその妹が清盛の母親であり、二年後の保安元年七月十二日に彼女が死んだため、幼い清盛は祇園女御の猶子としてその手元で養育されたというのが有力になりつつある。

ただ、問題なのは、その父親であろう。

『平家物語』は「ある人の申けるは、清盛は忠盛が子にはあらず、まことには白河院の皇子也」（『平家物語（二）』梶原正昭・山下宏明校注 岩波文庫）と、その経緯を詳しく語っている。

その逸話を簡単に紹介しよう。

白河上皇は、寵妃・祇園女御のもとに頻繁に通っていた。五月雨がしとしと降る闇夜、いつものように白河は警護の者を伴って彼女の家へ向かった。

その途中、お堂の境内にいきなり化物が現れた。頭は白銀の針を磨いて逆立てたようにきらめき、光るものを持っていた。仰天した白河上皇は、武勇に抜きん出た忠盛に「あのもの射もとどめ、きりもとどめなんや」（前掲書）と退治を命じた。忠盛は躊躇せずに立ち向かい、化物を組み敷いてみると、御堂に仕える雑用専門の老僧だった。雨に濡れぬよう藁束を笠にし、種火で灯籠に火を点そうとしたのが、火に照らされ白銀のトゲ頭に見えたのだ。

白河上皇は忠盛の冷静な行動をほめ、最愛の祇園女御を忠盛に下賜したとされる。しかしこのとき彼女は白河の子を宿していた。白河は「うめらん子、女子ならば朕が子にせん、男子ならば忠盛が子にして弓矢とる身にしたてよ」（前掲書）と告げたという。生まれた子は男だった。それが清盛というわけだ。

大治四年（一一二九）、十二歳の清盛は従五位下に叙せられている。五位以上の位階を有する者を貴族というが、武士階級出身の少年が貴族の列に加わったのは異例といえた。権大納言の藤原宗忠なども「備前守忠盛男（清盛）、人耳目を驚かすか」と、その人事に関して日記『中右記《ちゅうゆうき》』に書き留めている。

この異常な人事は、清盛が白河法皇の御落胤だったからではないだろうか。

なお、清盛の太政大臣就任について、京都大学の元木泰雄教授は、「当時、院近臣だけでなく、一般貴族においても大臣就任は容易ではな」く、清盛が「王家と何らかの身内関係があったとすれば、それは『平家物語』が説く皇胤説しか考えられない。もちろん科学的に実証は困難だが、当時の人々に皇胤と信じられていたことは疑いないだろう。大臣昇進の厳しさを考える場合、本来院近臣出身でしかない清盛が、容易に太政大臣まで登り詰めることができた原因は、皇胤とする以外に、説明がつかないのである」（『平清盛の闘い――幻の中世国家』角川ソフィア文庫 二〇〇一年）と述べている。

貴種であること、あるいはそう清盛が見せかけたことが、貴族社会に太政大臣就任を受け入れさせたというのである。

◆貴種の抑圧から平氏滅亡へ

とはいえ、太政大臣になっても治天の君（院政で実権を握る皇族）である後白河法皇の権威を凌駕することはできなかった。ところが孫に男児が生まれたとたん、清盛は後白河の院政を停止して幽閉してしまった。

幼い天皇の外戚として政権を握る。これは摂関政治と同じやり方だ。つまり清盛は、藤原氏（北家）という名門が行なった前例を楯に、政治の運営を始めたのである。

しかし、御落胤とはいえ、治天の君を押さえつけて権力を奪うという手法は、貴族界や仏教界から猛烈な反発を呼び、まもなく以仁《もちひと》王（後白河の子）の呼びかけによって、源氏をはじめ各地で平氏打倒の旗があがり、平氏は滅び去っていくことになるのである。

以上、見てきた通り、「貴種や名家を尊ぶ日本人」の起源は、少なくとも千年近くさかのぼることがわかった。そして、その理由はやはり、天皇家の存在が決定的なのではないかと思う。

ずっと日本の王家として存続してきたこの家筋があったればこそ、人々は古い家柄や貴種やその子孫を敬うようになった。

そして為政者たちは、己を正当化するため、人々から尊ばれている貴種や名家を政治利用しようとしてきたのである。

3章 「祟り」と「穢れ」に振り回される権力者たち
――記紀、平安京遷都、菅原道真、藤原道長、崇徳上皇、徳川家康……

日本史の法則③
祟りを恐れ、穢れを嫌う

先日、ある出版社から取材の依頼があったが、電話で内容を聞いたとき思わず笑ってしまった。「オリンピック（東京2020）が延期になったのは、徳川家達《いえさと》の呪いだという噂があるが、本当かどうかをお聞かせ願いたい」と言われたからだ。

ただ、この話はけっこう注目されているようで、「家達 呪い」でネットで検索すると、驚くことに数十万件もヒットした。

調べてみたところ、どうやら話の出所は二〇一四年に怪談・オカルト研究家の吉田悠軌氏が「オカルト・ニュースサイト TOCANA」に書いた記事らしい。それを参考にして？（吉田氏は自分のネタだと主張）、その年にテレビ東京系の『やりすぎ都市伝説スペシャル2014夏』の中で中田敦彦氏が家達の呪い話を紹介。これにより、当時もそこそこ話題になったようだ。

それが再び注目されるようになったのは、いうまでもなく、二〇二〇年三月に正式に東京オリンピックが延期されたからだ。

では、いったいどんな話なのか。近年、YouTubeやネット記事などでこの話が多く語られ、尾ひれがついて変化してきているが、おおまかには次のような内容である。

「徳川家達は本来、将軍になるべき人だったのに一橋慶喜にその座を奪われ、後年、東京市長や総理大臣になる機会があったのに家臣や一族に妨害されて実現せず、東京で開かれるオリンピック組織委員会の会長に就任したが、戦争が始まったことで政府が返上してしまった。

しかも没後、家達の屋敷は東京都に買収され、新国立競技場（オリンピックのメイン会場）が建設されてしまう。まさに無念の涙を飲み続けた家達、そんな彼の怨念によって、二〇二〇年の東京オリンピックの開催は危ぶまれるのではないか」

では、史実はどうなのか。せっかくなので明らかにしておこう。

そもそも家達が将軍の座を奪われたというのは誤り。

確かに将軍家茂《いえもち》は、「自分が死ぬようなことがあれば家達を後継とする」と話していた。でも家茂が病死したとき家達は三歳。幕府が崩壊しそうな時期に幼君では持ちこたえられない。

ゆえに、一部に家達擁立の動きもあったが、結局、圧倒的な支持を得て慶喜が順当に将軍に就いた。慶喜が家達を押しのけたわけではなく、多くの人々が慶喜を求めた結果なのだ。

ただ、聡明な慶喜でも難局を切り抜けることができず、**鳥羽・伏見の戦い**で大敗。朝敵になった慶喜は当主を退き、家達が十六代当主に就いた。

家達が東京市長を打診されたのは、明治三十一年のこと。勝海舟の反対で断ったが、東京市長は一大名が就く程度の職なので家達が恨みに思うはずはない。明治三十六年からは若くして名誉ある貴族院議長に就任。三十一年間もこの職にあり続けたので、家達は十分満足だったはず。

大正三年（一九一四）、家達に対し「内閣を組織するように」との大命（天皇の命令）が降下された。ところが家達は「私は総理の器ではない」と辞退した。一族の反対で涙を飲んで辞退したという話は嘘。確かに一族と相談したが、断ったのは本人の意思だ。

総理大臣は徳川の当主としてふさわしい職だが、じつは当時、**大正デモクラシー**のまっただ中で、陸軍閥の桂太郎内閣、海軍閥の山本権兵衛内閣が続けざまに民衆の批判を浴びて総辞職に追い込まれていた。このため元老たちは、藩閥に属さず政党寄りではない名門の家達に白羽の矢を立てたのだ。だが、いま首相になるのは、火中の栗を拾うようなもの。だから家達も引き受けなかったのだろう。

結局、大隈重信が組閣したが、選挙汚職で支持率を落とし、大隈内閣は瓦解している。そういった意味では、家達は賢明な判断をしたわけだ。

それにその後、家達が閑職に追いやられたわけではない。海軍軍縮を話し合うワシントン会議の全権の一人として国際舞台に立ったり、日本赤十字社の社長となり、アジア初となる赤十字国際会議を東京で開くため、私費で欧米を回って関係者を説得、昭和九年に実現させている。

昭和十年、オリンピック東京大会の招致委員会がつくられると会長となり、翌年にオリンピックが東京で開催されることが決定。でも精力的に動いたのは嘉納治五郎らであって、家達は名誉職として会長職にあっただけ。だからオリンピックの返上は残念に思ったろうが、怨念を抱くはずがない。つまり、家達の呪いで東京２０２０が中止になったというのは、完全な都市伝説なのである。

しかしながら、かつては本当に**怨霊**《おんりょう》が歴史を動かすことがあったのである。

とくに古代は、怨霊が跋扈した時代だった。中世や近世になっても彼らはたびたび出現して人々に少なからぬ影響を与え、近代になってもひょっこり顔を出す。このため日本人は、怨霊の祟りや災いから逃れるため、それを供養したり祀《まつ》り上げてきた。

そんな怨霊の祟りと表裏一体といえるのが**「穢れ」**である。これに関して研究者の池上良正氏は、次のような解説をしている。

「相手が『祟る』存在であるか『穢れた』存在であるかは、神と悪魔のような普遍主義的な前提によっては判別できない。それはつねに、その場その場ごとの状況判断にゆだねられている。自分たちよりも力ある優位なものと判断した霊威は神的なものとして祀り上げ、自分たちよりも劣位にあると判断した場合には、『けがれ』『邪悪』のレッテルを貼って祓い棄てるのである。その意味において、これは場の力関係に応じた『個別取引』のシステムといえる」（『死者の救済史』角川選書）

このように「祟り」と「穢れ」は、人間たちの状況判断で変わるというのだ。面白い考え方である。

いずれにせよ、この「祟り」と「穢れ」という思想は、日本史に大きな影響を与え、それは脈々と現代にまで続いているのではないかと思っている。

そこでこの章は、この「祟り」と「穢れ」がいつごろから日本史を動かしてきたかを（さかのぼるのではなく）時代順に見ることによって、日本史を掘り下げていきたい。

1

「祟り」と「穢れ」はどこまでさかのぼれるか
……『古事記』、『日本書紀』

◆五年三カ月も死体を安置

いつから日本人は、死んだ人間が祟りをなすとか、触れると穢れてしまうと、忌み嫌うようになったのだろうか。高校の教科書には、縄文時代に「死者の多くが屈葬されているのは、死者の霊が生者に災いをおよぼすことを恐れたためであろう」（『詳説 日本史B』山川出版社）とあり、すでに縄文時代からこのような考え方があったと記されている。

だが、体を強く折り曲げている遺体は意外に少なく、この考え方は現在は否定されつつある。それに、集落の広場や家の脇に遺体を埋葬しているケースが多く、忌み嫌う存在であるのなら、そんな場所に死体を葬らないだろう。

ただし、ときおり、竪穴住居跡に埋められた数名の骨が出土することがある。おそらく伝染病や食中毒などで一度に全滅した家族だと考えられる。さすがにそうした状況は気味が悪かったのか、そのまま遺体の上に土をかぶせてしまったようだ。

一般的には、死者の祟りや穢れという考え方は、六世紀前半に仏教が日本に入ってきたのがきっかけだったとされる。とはいえ、奈良時代（八世紀）前は、まだそうした考え方は希薄だったようだ。というのは天皇の葬儀で、「殯《もがり》」という風習が見られるからだ。これは、宮殿内に建物（殯宮）をつくり、そこに死者を長期間安置しておく風習。

なんと殯宮に安置された死者に対し、生きているときと同様、食事も提供するなど、遺族は死体と生活を共にするのだ。しかも殯の期間は一年ぐらいにわたる。

これは驚くべき長さだろう。当然、その間、遺体は腐乱し肉はそげ落ち、ひどい臭気を発したことだろう。場合によってはミイラ化したかもしれない。

ちなみに敏達《びたつ》天皇は五年八カ月、斉明天皇（中大兄皇子の母）は五年三カ月も、殯がなされている。こうなると、もう白骨化していたはず。

この二人の殯がここまで長期に及んだのは、山陵（この時期は、上八角下方墳という天皇独自の古墳）の築造に時間がかかったからだと考えられている。

なお、殯に入ることができるのは、皇后などの近親者の女性達や葬儀を専門とする集団に属する人々だけ。ほかは大臣クラスでも入ることは許されなかった。

ただ、初の女帝・推古天皇の時期（六世紀末）になると中国（隋・唐）から**薄葬《はくそう》思想**が入ってくる。民に負担をかけないよう葬儀や埋葬を簡素に済まそうという考え方だ。推古天皇も死に臨んで先立った我が子・竹田皇子の陵に合葬してほしいと遺言した。持統天皇は火葬を希望し、葬儀費用の節約を遺言した。以後、薄葬の思想は奈良時代に定着する。

◆教科書に載る「イザナミとイザナギ」

そんな奈良時代に成立した『古事記』や『日本書紀』の神話には、死を穢れや恐ろしいものとする話が載る。

妻のイザナミの死を悲しんだイザナギが、彼女恋しさに黄泉《よみ》の国までやってくる。すると彼女は「私は、黄泉の国の食べ物を食べてしまったので戻れないと思う。でも、可能かどうか黄泉の神に聞いてくる。その間は、どうか私の姿を見ないで」と頼んだ。

しかし、待ちきれなくなったイザナギは、火をともして彼女を見てしまう。すると、腐乱していたのである。仰天するイザナギに、イザナミは「私に恥をかかせた」と激怒して追いかけてくる。イザナギは必死に妻から逃れ、大きな岩で自分が住む葦原中国《あしはらのなかつくに》と黄泉の国を行き来する道を塞いでしまったという話だ。ちなみにこの話は、中学校の歴史教科書『中学社会 歴史 未来をひらく』（教育出版）にも、神話の特集記事として載っている。

いずれにせよ、死への「穢れ」に対する忌避の念は、平安時代になるとますます強まり、日本人の間に定着することになるのである。

2 都さえも遷させた祟りの力
……平安京遷都

◆「怨霊」が教科書に

「怨霊」という言葉がはじめて記録に登場するのは、延暦二十四年（八〇五）の『日本後紀』だとされる。ちょうど、平安時代の初期にあたる。

怨霊の登場も仏教と関係があると思われるが、この時期に定着するのである。同時に、**祟りや災いをもたらす怨霊や穢れを仏教的な手法である供養や調伏によって鎮めたり、押さえ込んだりする手法が確立していく。**

怨霊の祟りが記録としてはっきり残るのが、平安京遷都にまつわる出来事である。

桓武天皇は、仏教勢力が政治に関与することを嫌い、奈良の平城京から山背国《やましろこく》の長岡に都を遷した。ところがわずか十年間で長岡京を捨てて平安京（京都）へ移った。

その理由に関して、昔の日本史教科書には「784（延暦3）年、寺院勢力の強い奈良を離れて、交通の便のよい山城国の長岡京に都を移し、さらに794（延暦13）年には、その東北の平安京に遷都した」（『改訂日本史』東京書籍 一九八七年）と書いてある。さらに、長岡京から遷都した理由を脚注で「長岡京は、建設の長官でもあった藤原種継《たねつぐ》が暗殺されたこともあって、10年で放棄された」と記す。

でも、この文章を読んでも、正直よく意味がわからない。長岡京造営のトップが殺されたことと、十年間で別の平安京へ移ったこととの関係性がまったく理解できないはず。

しかし近年の教科書では、その理由がはっきりわかるように記されている。

「784（延暦3）年、都を水陸交通の便のよい山背国（のちの山城国）の長岡京に遷した。しかし翌年、長岡京の造営責任者藤原種継の暗殺事件に関係して、皇太弟の早良《さわら》親王が捕らえられて死亡すると、桓武天皇はその怨霊に苦しみ、和気清麻呂の進言を入れて、794（延暦13）年、さらに現在の京都の地、平安京へ遷都した」

（『日本史B』東京書籍 二〇一一年）

平安京に遷都した理由を、はっきりと「怨霊に苦しみ」と明記している。つまり、早良親王の怨霊が歴史を動かしたのである。

大寺院の影響を嫌った桓武天皇は、長岡への遷都を宣言すると、まだ宮殿も完成しないうちに転居してしまう。驚いた奈良の大寺院は長岡への移転を願ったが、桓武は許さなかった。そうした中、藤原種継が射殺されたのである。

怒った桓武が捜査の徹底を命じた結果、続々と関係者が逮捕された。その多くは、皇太弟の早良親王に近しい者たちであった。

そこで桓武は早良を捕らえた。早良は暗殺への関与を否定したが、桓武は早良から皇太弟の地位を剥奪し、島へ流すことにした。それでも早良は無罪を主張し続け、抗議のため一切の飲食を断ち、淡路島へ送られる船の中で絶命したのである。

◆心をやられた桓武天皇

それからまもなく桓武の身の回りで不幸が相次ぐ。夫人の藤原旅子が死去したのを皮切りに、母の高野新笠《にいがさ》、皇后の藤原乙牟漏《おとむろ》、夫人の坂上又子と、次々と縁者が没していった。

世の中では天候不順による凶作が続き、天然痘が長岡京で猛威をふるう。延暦十一年(七九二)には、二度も大洪水が長岡京を襲った。そのうえ、皇太子となった息子の安殿《あて》親王が原因不明の病にかかってしまう。

さすがに桓武も不安を覚え、陰陽師に原因を占わせると、「これらの出来事はすべて早良親王の祟りによるもの」との結果が出たのである。桓武は驚き、すぐに淡路島の早良の墓を清めさせ、その霊を慰めた。

だが、それでも異変は止まなかった。

このため桓武は早良の祟りに苦しみ、延暦十九年にはなんと早良に崇道《すどう》天皇の称号（諡号）を贈り、その遺骨を淡路島から大和へ改葬したのである。彼が大和国の平城京（奈良の都）を愛したからだ。しかも早良の墓を正式な天皇陵とした。さらに延暦二十四年には、早良のために淡路島に大寺院を建立した。

こうした行動から分かる通り、桓武は完全に精神的にまいってしまった。『水鏡』や『日本紀略』などの記述によれば、「寝ていると、天井に土の雨が降る音がする」と言ったり、内裏《だいり》に雉《きじ》が群れていただけで、早良の墓に僧を遣わして経を読ませている。また、台風で御所の中院西楼が倒れ、牛が下敷きになって死ぬと、「自分は丑《うし》年生まれだから、きっと近いうちに死ぬ」と嘆く過剰反応を見せた。

延暦十三年の平安京遷都も、そうした反応の一つだったのである。

◆祇園祭の起源

いずれにせよ、平安時代初期に、この世に恨みを残して死んだ者が、復讐のために個人に祟るだけでなく、社会全般に害悪をもたらすようになり、冒頭で述べたように延暦二十四年（八〇五）に**「怨霊」**と呼ばれ、さらに**「御霊《ごりょう》」**と称して祀り上げられるようになる。

この儀式を御霊会《え》というが、その記録としての初出は、貞観《じょうがん》五年（八六三）。『日本三代実録』によれば、同年の五月二十日に朝廷の実力者藤原基経《もとつね》が中心となって、神泉苑（平安宮に隣接する庭園）において怨霊と化した早良親王、伊予親王、橘逸勢《たちばなのはやなり》らを祀ったとある。

以後、御霊会は各地で催されるようになった。

京都の代表的な祭礼である**祇園祭**は京都にある八坂神社のお祭りだが、正式な呼称を祇園御霊会と呼ぶように、もともとは「御霊」を鎮めるところから始まっている。

祇園での御霊会の起源は、諸説あって特定は難しいが、『二十二社註式』（室町時代の記録）には天禄元年（九七〇年）から例年行なわれるようになったとある。

平安中期までの祇園祭の形態はよくわかっていないが、おそらく、都の中に入り込んできた悪い神（疫神）や怨霊などを読経や音楽などで鎮魂し、その後、神輿に乗せて遠くへ送り返していたものと推測される。ともあれ、誰もが知る有名な祇園祭は、怨霊を祀り上げる祭礼なのである。

3

学問の神へと変化した道真

……菅原道真、平将門の乱、藤原純友の乱

◆天皇や貴族を恐れさせた大怨霊

菅原道真と聞くと、学問の神・天神と即答する人がいるだろう。でも当初は、貴族たちを恐怖に陥れた怨霊だった。

道真は、中級貴族の学者の家柄に生まれたが、宇多天皇に寵愛されて公卿《くぎょう》にまで栄達した。宇多は、権勢を誇る藤原氏に対抗させるため道真を登用したとされ、息子の醍醐に譲位するさいも「道真と藤原時平の助言を得て政治をしなさい」と訓じている。

このため道真は右大臣に就任できたが、こうした出世が貴族たちの反発を呼び、チャンスと見たライバルの藤原時平は「道真があなたを廃して娘婿の斉世《ときよ》親王（醍醐の弟）を即位させようと企んでいる」と醍醐天皇に讒言したのである。

この言葉を信じた醍醐は、九州の大宰府へ道真を左遷。二年後、無念の涙をのみながら道真は死去した。それから五年後の延喜八年（九〇八）、藤原菅根が、雷にあたって死んだ。

菅根は道真の弟子だったのに、師の失脚に加担した人物だった。

さらに翌年、道真を不幸に追いやったライバルの時平が、三十九歳の若さで急死した。この頃から、洪水、長雨、干ばつ、伝染病など変異が毎年のように続くようになり、「道真が怨霊となり、祟りをなしているのではないか」と噂されるようになった。

延喜二十三年（九二三）、醍醐天皇の皇太子の保明《やすあきら》親王が二十一歳の若さで亡くなる。保明は、藤原時平の妹・穏子《おんし》が産んだ子だった。わずか二歳で皇太子となったのだが、即位することなく死去したのだ。醍醐天皇もこれは道真の祟りではないかと考えるようになり、周囲の勧めもあったのだろう、道真の大宰府行き（左遷）を命じた勅書を破棄し、その地位を右大臣に戻したうえ正二位を追贈した。

しかし新たに皇太子となった保明の子・慶頼王《よしよりおう》も、二年後に五歳で夭折する。慶頼の母の仁善子《にぜこ》は時平の長女にあたった。醍醐天皇は落胆し懊悩したことだろう。

延長八年（九三〇）、御所の清涼殿に雷が落ち、大納言の藤原清貫《きよつら》と右中弁の平希世《まれよ》が亡くなった。これに衝撃を受けた醍醐天皇は体調を崩し、皇太子の寛明親王（保明の弟）に皇位を譲り、その年のうちに崩御した。

◆怨霊から学問神へ

この道真の祟りについても、十数年前から教科書にも載るようになった。

たとえば高校日本史の『新日本史B』（桐原書店二〇〇五年）には、菅原道真の怨霊の話が「菅原道真と天満宮―貴族の御霊神」と題するコラムとして掲載されている。

そこには、「時平一族の不幸が続くなど異変があいついでおこると、人々はそれを道真の霊魂のしわざだと信じた。なかでも宮中清涼殿に落雷して焼死者を出した事件は人々を恐怖させた」と記され、その場面を描写した『北野天神縁起絵巻』（京都北野天満宮）を載せ、キャプションに「廷臣4人が焼死。930（延長8）年の出来事。醍醐天皇の譲位・死去はこの衝撃によるという」と書かれている。

近年は、中学校の歴史教科書にも、道真の祟りを載せるところが多い。たとえば『社会科 中学生の歴史』（帝国書院）には、半ページを使って大きく『北野天神縁起絵巻』（北野天満宮蔵）を載せ、キャプションとして「藤原氏によって大宰府に追いやられた菅原道真は、903年、無念のうちに亡くなりました。当時の人々はその霊が雷神となって都に戻り、藤原氏のいる清涼殿に雷を落としたと信じました」と記載されている。

さらに、道真の肖像を載せた「右大臣から学問の神様へ」というコラムをもうけ、「彼の死後、天変地異が続いたため、天神信仰発祥の地である北野天満宮にまつられ、今でも学問や芸能の神様として信仰されています」と記されているのだ。

なぜ怨霊化した道真が学問神になったのか、その経緯について解説しよう。

天慶五年（九四二）、平安京の右京七条二坊十三町に住む多治比文子《たじひのあやこ》に、道真の霊が乗り移る。文子に憑依した道真は自分を祀るように強く求めたという。

そこで朝廷は、平安京内の右近馬場の地に北野天満宮を創建することを容認する。ちょうどこの時期、**平将門の乱**や**藤原純友《すみとも》の乱**などが続発しており、都の貴族たちは不安にさいなまれていたからだと思う。

北野天満宮は、学問の家柄である菅原一族が管理することになり、朝廷もこの神社を保護して勅祭の社にしたこともあり、繁栄するようになった。道真は生前、学問に優れていたことから、雷神という怨霊から詩文の神と意識されるようになり、鎌倉時代や室町時代になると、北野天満宮で歌合わせや連歌の会など文化的な行事が開催され、人々も学問や芸能の進展を願ってこの社に詣でるようになったのだ。

ちなみに北野天満宮のほか、太宰府天満宮、大阪天満宮、亀戸天神、湯島天神、防府天満宮など道真を祀る神社は一万二千社になるという。

人々は、**雷神という祟る怨霊を神社に祀り上げることによって、学問神という福の神へと変化させたのである。**

4

なぜ反逆者が江戸幕府の守護神になったのか？

……平将門の乱

◆昭和五十四年に復活

菅原道真が神として祀られた頃、平将門が朝廷に反乱を起こし、自ら新皇《しんのう》と称して関東に政権を樹立した。しかし朝廷に討伐を命じられた関東の武士・平貞盛や藤原秀郷《ひでさと》らと戦い、流れ矢にあたって討ち死にした。

将門の首は、京都の東市に晒されたが、『太平記』や『将門純友東西軍記』によれば、首だけになっても将門は生きており、「俺の身体はどこにある。今一度、頭とつなげて戦ってやる」と叫び、やがて関東へ向けて飛び去ったという。もちろん史実のはずはないが、現在も東京都千代田区大手町には将門の首塚が現存する。

この塚は、落下した将門の首を武蔵国豊島郡江戸芝崎の人々が埋葬した場所だと伝えられる。しかし鎌倉時代に時宗《じしゅう》二代目の真教《しんきょう》が塚の前を通ると、村人が崩れた塚の祟りで苦しんでいた。そこで真教は信者たちに塚を修復させ、将門に「蓮阿弥陀仏」の名を与え、それを石板に刻んで供養。さらに塚の側に祠を建ててやった。

時が経ち、徳川家康が江戸の大改造を始めたさい、その祠は駿河台へ移され、元和二年（一六一六）にさらに別の場所に遷座した。それが現在の神田明神である。幕府は、神田明神を遷すさい境内地として一万坪を与えて江戸総鎮守とし、壮麗な社殿を建て徳川家の葵紋の使用を許した。ちょうど江戸城の丑寅《うしとら》（鬼門）の方角にあたり、将門の霊力に期待して鬼門よけにしたのだろう。

国家の反逆者を守護神としたのは、関東の人々に人気があったからだ。徳川氏は東海地方から移ってきたよそ者。だから、関東独立をもくろんだ関東人の英雄・将門を祀ることで人心を掌握しようとしたのかもしれない。

しかし幕府が倒れると、神田明神は神田神社と名称を改めるが、新政府は神田明神の祭神から平将門をはずしてしまう。朝廷に楯突いた人物だったからだ。将門がようやく祭神として復活したのは、なんと昭和五十四年になってからだった。

◆暴れだした怨霊

一方、将門塚のほうは、大名屋敷の庭園の築山となっていたが、明治時代になると大蔵省の中庭に取り込まれた。祟りがあると思われ、取り壊さなかったのかもしれない。

けれど関東大震災で大蔵省の本庁舎が焼失すると、仮庁舎を建てるため塚を壊すことに決めた。その前に大熊喜邦工学博士が塚の調査を行なうと、内部に石棺があったが、副葬品は盗掘されていることが判明した。こうして塚は更地となり、その上に仮庁舎が建った。

が、ここから将門の怨霊が暴れだす。

巷説によれば、まもなく大蔵大臣の早速整爾《はやみせいじ》が現職のまま死去。矢橋賢吉課長以下、大蔵官僚や工事関係者が次々に亡くなり、その数は十数名に達した。武内作平政務次官をはじめ、多くの役人も庁舎内で転倒するなどケガをした。

将門の祟りだと考えた大蔵省は、昭和三年（一九二八）に仮庁舎を撤去して首塚を元どおりに戻し、神田神社の社司・平田盛胤に依願して将門の鎮魂祭を挙行した。

十二年後の昭和十五年、今度は雷が落ちて大蔵省庁舎が全焼。時の河田烈《いさお》大蔵大臣は将門の霊に謝り、同年、将門没後千年を記念して将門千年祭を盛大に執行した。しかし五年後、塚一帯はアメリカ軍の空襲のために焼け野原になる。

戦後、日本を支配下に置いたＧＨＱは、将門塚周辺を駐車場にすることに決める。こうして工事用のブルドーザーで塚を破壊しようとしたとき、まさに塚の直前まできて車体が横転、運転していた人が死亡してしまった。結果、工事は中止されたとされる。

だが、関東大震災を機に始まった将門塚の祟りをよく調べてみると、ほとんど事実ではないことがわかる。いわゆる都市伝説のたぐいなのだ。そもそも関東大震災で塚を壊して仮庁舎を建てた大蔵大臣は、早速整爾ではなく井上準之助である。つまり、早速が将門に祟られる理由などないのだ。

しかも早速が現職のまま死んだのは、震災から三年も後のこと。また、大蔵省の官僚十四名が続々と死去したという当時の記録は存在しない。それに矢橋賢吉が亡くなったのは、震災から四年後のことである。また、直接大蔵省庁舎に雷が落ちたわけではなく、逓信省航空局に落ちて火事となり、その火が大蔵省の庁舎に燃え移ったのだ。

とはいえ、この頃から大蔵省内で将門の祟りについての噂が広がっていたことは確からしく、職員たちの不安を払拭するため、大臣や高級官僚が鎮魂に動いて沈静化させる必要を感じ、昭和三年の鎮魂祭、さらには将門千年祭へつながったのではなかろうか。

また、ブルドーザーが横転して亡くなった件だが、証拠になる直接的な新聞記事は発見できなかった。工事中に事故はあったらしいが、これを機に地元の人々がＧＨＱに「これは昔の王の墓だ」と塚の保存を強く訴え、破壊を免れたのが実際のようだ。昭和三十五年、史蹟将門塚保存会がつくられ、翌年、保存会によって塚が整備され、神田神社の宮司によって慰霊祭が執行され、現在に至っている。一般に広まっている噂とかなり違いがあるが、祟り伝説が将門塚を復活・継続させる要因になったのは間違いないだろう。

5

続かなかった「我が世」

……藤原道長の晩年

この世をば　我が世とぞ思ふ　望月の　欠けたることも　なしと思へば

この歌は、三人の娘を天皇の皇后（中宮）とし、絶大な権力を手に入れて摂関政治を展開した藤原道長が、得意の絶頂の寛仁二年（一〇一八）に詠んだものだ。しかしこれ以後、道長の人生は暗転していく。

◆怨霊に蝕まれる望月

この年の夏、道長は胸に激しい痛みを覚え、発熱して前後不覚になった。

道長はこの病を蹴落としたライバルたちの祟りだと信じた。そこで寺に籠って仏の加護を祈るが、数カ月後、再び発作に見舞われ、近くにいる人物の判別も難しいほど視力が衰えてしまう。

同年十二月、一条天皇の第一皇子敦康《あつやす》親王が二十歳の若さで死去した。本来なら即位できる人だったが、道長の反対で皇位につけなかった。それゆえ、道長は敦康の怨霊にも悩まされるようになる。

翌年三月、また胸痛発作が道長を襲うが、これは自分の娘に夫を奪われた藤原延子《えんし》の呪いだと判断した。

小一条院敦明《あつあきら》親王という人がいる。敦明は、三条天皇の東宮（皇太子）だったが、道長にその地位を降ろされてしまう。

敦明の妻は、左大臣藤原顕光の娘延子で、二人の間には六人もの皇子や皇女があった。つまり、敦明が帝位についたら顕光が外戚として権力を振るうと危惧し、自分の立場を守るため、敦明を東宮から引きずり降ろしたのである。ただ、政争の犠牲になった敦明に胸を痛め、道長は自分の娘寛子を敦明に嫁がせた。

敦明は彼女のもとにばかり通うようになり、延子の屋敷を訪れなくなった。このため延子は、深く道長一族を恨むようになった。

同時に、敦明の廃太子によって外戚の地位を閉ざされた顕光も絶望し、怨念を抱いたまま延子と顕光は相次いで没した。

道長は病を癒すため、剃髪して延子らの霊を慰めた。これによって病は回復へ向かうが、道長の顔は「老僧の如し」(『小右記』)と言われるほど、憔悴してしまった。

万寿二(一〇二五)年七月、娘の寛子が食物をとらなくなり、衰弱死した。今でいう拒食症だ。

道長が寛子を見舞ったさい寛子は、「お前の敦明親王へのやり方はひどい! その恨みで私が死ななくてはならないことはまことに悔しい!」そう道長に吐き捨てた。寛子の身体に延子の霊が乗り移って語ったのだ。

臨終にさいして寛子は、髪を切って出家の儀式をするが、このさい寛子に取り憑いていた怨霊は「ああ、胸がスッとした」と叫んだという。

それから一月も経たない八月五日、今度は娘の嬉子《きし》が死ぬ。彼女は臨月を迎えていたが、不運にも赤斑瘡にかかり、皇子を出産してからわずか二日後に息を引き取った。

さらに二年後の五月、僧になっていた息子の顕信が急死し、九月には娘で皇太后の妍子《けんし》が三十四歳の若さで病死した。

子供たちを次々に失って気力が尽きたのか、同年十一月、病にかかった道長は危篤に陥り、翌月、六十二歳の生涯を閉じた。

頂点を極めた道長だったが、その晩年は、このように怨霊に苦しみながら死んでいったのである。

6

「占い」を重視する為政者たち

……魏志倭人伝、藤原道長、承久の乱、足利義教、豊臣秀頼、徳川家康

◆天文博士だった安倍晴明

怨霊におびえて死んでいった藤原道長であったが、これは彼に限ったことではなく、当時の平安貴族たちは、祟りや穢れにいつも戦々恐々とし、なるべく身に災いがかからないよう、自分の行動を極度に制限して暮らしていた。

たとえば、身内に不幸があったり、穢れに触れた（触穢《しょくえ》）ときは、**物忌**《ものいみ》と称してしばらく屋敷に引きこもった。

また、やむをえず良くない方角に出かけなくてはいけないときは、いったん別の方向へ行ってから目的地に向かったり、別の場所に前泊して凶の方角を避けた。これを**方違**《かたたがえ》と呼ぶ。ずいぶんと面倒な暮らしだったろう。しかし彼らは、本当に祟りや呪い、穢れが存在すると信じていたのだ。

そんな貴族たちにとって、祟りや災い、穢れをいち早く知るのは、身を守るためにきわ

めて大事なことだった。迅速に対応することで少しでも被害を小さくできる。だから古代では占いや卜筮が大流行した。気になった出来事や現象の意味を、占いで把握しようとしたのである。

前項で紹介した藤原道長もそうだった。彼の日記を紐解くと、たびたび物忌の記録が現れ、吉凶を占う記事が登場する。たとえば、次のような伝承も残っている。

道長が参拝のため法成寺《ほうじょうじ》の門前まで来たとき、飼っていた犬が道長の前に立ちふさがった。さらに進もうとすると、裾をくわえて行かせまいとする。そこで道長は、陰陽師の**安倍晴明**に原因を調査させたところ、晴明は門下の土中からある品を掘り出し、それが道長を呪うものであることを指摘したという。

ちなみに、吉凶を占うことは、弥生時代から行なわれていた。『魏志倭人伝』に「骨を灼《や》きて卜《ぼく》し、以って吉凶を占い、先《ま》ずトする所を告ぐ。其の辞は令亀《れいき》の法の如く、火坼《かたく》を視て兆を占う」（和田清・石原道博編訳 岩波文庫）とある。鹿の肩胛骨を焼いてヒビ割れ具合で占うのだ。これを「**太占**《ふとまに》」と呼ぶ。

また、亀の甲を小さく割り、両面を良く磨いたものに線や文字を刻み、それを焼いてひび割れを見るのを「**亀卜**《きぼく》」と呼ぶ。中国から伝わった占いで、朝廷では神祇官の下級役人に「卜部《うらべ》」という職があり、彼らが「亀卜」をになった。神祇官では年に二回、天皇の吉凶を「御体の御卜」と称して占っており、悪い結果が出た場合は、天皇はお祓いを受けた。

神祇官のほか、太政官の中務省《なかつかさ》に陰陽寮《おんようりょう》という役所がある。長官を陰陽頭といい、その下に陰陽博士《はかせ》、天文博士、暦博士、漏刻博士がいるが、陰陽博士と天文博士も占いをした。

天文博士は星の動きを観測し、異常があればその意味を占って報告（天文密奏）した。陰陽寮で占いの技能を持つ人々は、やがて陰陽師と呼ばれるようになるが、最も有名な安倍晴明は、じつは天文博士だった。

◆「北条政子の演説」の舞台裏

武家政権である鎌倉幕府も、神官や陰陽師の占いに頼ることがあった。

承久三年（一二二一）、後鳥羽上皇が幕府の執権・北条義時の追討令を発した。驚いた北条政子（頼朝の正妻で義時の姉）が陰陽師の安倍親職《ちかもと》らを呼んで占わせたところ、幕府は安泰だという結果が出た。そこで安心した政子は、動揺する御家人たちを叱咤する演説を行ない、京都へ出陣させたのである。

こうして幕府軍が朝廷軍を打ち破り、東国以外にも幕府の力が及ぶようになった。まさに、陰陽師の占いが歴史を動かしたわけだ。

室町幕府の六代将軍足利義教は「池に虹がかかり、その虹が口の中に入る」夢を見た。そこで陰陽師の賀茂在方《あきかた》に吉凶を占わせたところ、「義教は短命で、百日以内に争乱が起こる」と述べたので、幕府は大々的な祈祷を実施した。ただ、義教はキレやすい性格で、その後在方も義教の怒りに触れて所領を没収されている。が、やがて義教本人は播磨の守護大名・赤松満祐《みつすけ》に殺害されてしまった。

◆偽りの「吉」で滅んだ豊臣家

戦国時代も、占いによって祟りや災いを避けようという傾向は変化していない。ただ、これに加えて戦国大名は、占いをもっと有為に活用しようと考えるようになる。

占いや祈祷の専門知識を有する陰陽師や修験者、禅僧などを軍配師（軍師）として雇ったのだ。彼らは易学を心得、気の流れ、雲や風の様子、流星の現れる方角、鳥の飛び去る方向をも判断材料にして、大名にさまざまなアドバイスを与えた。

戦略や戦術、故実や作法に通じた者もおり、合戦でも大きな力を発揮した。

軍師が進言した出陣の日取りは、かなりの拘束力を持った。

たとえば甲斐の武田勝頼は、天正三年（一五七五）の春に三河国へ出陣する予定でいたが、軍師に占わせたところ、先送りしたほうが良いとの結果が出たので、延期している。

巷説では、二条城で久しぶりに豊臣秀頼と会見した徳川家康は、秀頼が立派な若者に成長したのを危惧し、徳川家安泰のため、豊臣家を滅ぼす決意をしたといわれている。

これに関して『古事類苑』（明治政府が膨大な古書を参考に編纂した大百科事典）は、『武家砕玉話脱漏』の話を引用し、次のような逸話を紹介している。

もともと秀頼の生母・淀殿は、この会見に強く反対していた。ただ、家老の片桐且元《かつもと》たちが「どうしても家康と会うべきだ」と聞かないので、彼女は白井龍伯という有名な軍配者を呼び、会見の吉凶を占わせた。

龍伯が七日間潔斎して香を焚いてその煙りで占ったところ、三回とも「大凶」と出た。そこで結果を且元に知らせ、「会談すれば、秀頼は害に遭う」と告げた。

しかし且元は、「会わなければ、家康は兵を挙げるだろう。会いに行けば難は免れるのだ。だから結果を『吉』と書き換えよ」と求めたのだ。龍伯は「それで何かあったら困る」と拒むが、「すべては私が責任を負う」と且元が迫るので、仕方なく龍伯は「吉」と書き換えたという。

淀殿は、占いの結果を知り大いに喜び、秀頼を家康の待つ二条城に送り出したが、先に述べたように、この会見が豊臣家を滅ぼすことになってしまった。

ちなみに、家康が樹立した江戸幕府も占いを重視した。

南禅寺の金地院崇伝《こんちいんすうでん》は、幕府の依頼で将軍家光の御成《おなり》の吉日や夭折した家光の長子を埋葬する日時と方角を調べて報告している。崇伝が没した後は、天海僧正がその役目を引き継いだ。

天海は、比叡山根本中堂の立柱式の日取り、江戸城二の丸の作事開始日、本丸改築工事を家光が見学する日などを選定した。

面白いのは、夜の五つ時に狐が南西の方角で鳴き、さらに九つ時にも北東の方角でことのほか長く鳴いたことに対し、幕府がその吉凶を天海に占わせていることだ。残念ながらその回答は現存しないが、こうした怪異についても調査をさせられているのである。

為政者たちは、古代から近世にいたるまで、穢れや不幸、怪異を避け、あるいは最少の被害にとどめるため、占いを大いに活用したのである。

今でも政治家や経営者には専属の占い師がいるというが、これもかつての名残なのかもしれない。

7

七百年後も恐れられる「日本国の大魔縁」

……崇徳上皇、平清盛、明治天皇、戊辰戦争

◆「民を取って皇となす」

日本史の中で、最も恐れられていた怨霊、それは菅原道真でも平将門でもなく、崇徳《すとく》上皇であろう。彼は自らを「日本国の大魔縁」と称し、悪魔と取引をしたのである。

保元の乱は、朝廷の権力争いから勃発した武力衝突である。後白河天皇方に戦いで敗れた崇徳上皇（後白河の異母兄）は讃岐国の直島《なおしま》に流された。三年後、崇徳は後白河に都に戻してほしいと哀訴したが後白河は断固拒絶した。すると崇徳は「我、生きていても無益なり」（『保元物語』）と、髪も爪も伸ばすにまかせ、天狗のような姿になってしまった。

長寛二年（一一六四）、配所で崇徳はむなしく亡くなった。四十六歳だった。死の直前、崇徳は五部大乗経を手に持ち、「日本国の大魔縁（大悪魔）となりて、皇《おう》（皇室）を取って民となし、民（庶民）を皇となさん」（『保元物語』）と魔界と契約を結び、舌先を噛み切って流れ出た血潮で経典に呪詛の文言を認《したた》め、荒れ狂う海に投じたという。崇徳は白峰山で荼毘に

ふされたが、その煙りは低くあたりを這ったあと、やがて都のほうへと流れていった。

治承元年（一一七七）、後白河法皇の平家打倒計画が発覚する。このとき後白河は処罰を免れたものの、関係者は重刑に処せられた（鹿ケ谷の陰謀）。同年、伝染病が大流行して多くの命が奪われたが、後白河はそれを崇徳の祟りだと思い、同年七月、崇徳に「崇徳院」の追号を贈ったが、怨霊は静まるどころかはっきりとその姿を現していく。

翌治承二年、平清盛の娘で高倉天皇の正妻・建礼門院が子（後の安徳天皇）を出産したが、妊娠中に体調を崩したので原因を占ってみたところ、「崇徳の祟りだ」という結果が出た。驚いた平家一門は、崇徳の供養を執行した。

治承三年、清盛の弟・教盛が妙な夢を見た。悪魔になった崇徳上皇が百騎を率いて木幡山に陣取っていた。教盛が耳をすませると、崇徳の部下たちが「はるばるやって来たが、崇徳上皇をどちらへお入れしようか」と話している。最後は、清盛の屋敷へ向かうことに決まり、崇徳の輿は疾風のように飛び去ったという内容だった。

不気味に思った教盛は、兄の清盛にその夢を話したが、清盛は相手にしなかった。

しかし、まもなく清盛は、後白河を幽閉して平氏政権を樹立する。このとき教盛は「崇徳の霊が兄に乗り移り、上皇を捕らえるという恐ろしい行動をとらせたのだ」と恐怖したという。**一介の武士である清盛が、皇である後白河に代わって政権を握る。すなわち「皇**

を取って民となし、民を取って皇となす」という崇徳の呪いが成就したのである。

後白河は心底崇徳の怨霊におびえ、同年、その魂を鎮めるため保元の乱の戦場跡に粟田宮を建立した。「後白河は怪異におびえて自邸を引き払った」という記録も残っている。

建久二年（一一九一）、重病に侵された後白河は、病は崇徳の祟りだと信じ、今度は崇徳を荼毘にふした白峰山に頓証寺を建立した。寺の建物は朝廷の紫宸殿を模した壮麗なものだった。それから三カ月後、後白河は崩御した。

いま述べた崇徳の祟りは、鎌倉時代に成立した『保元物語』などに載る話であり、もちろん事実とは思われないが、そんな話が生まれるくらい朝廷の皇族や公家が、崇徳の怨霊を畏怖し続けたことが分かる。

というのは、それから七百年近くが過ぎた慶応四年（一八六八）八月、のちの明治天皇が白峰山《しらみねさん》に勅使を派遣し、崇徳の霊を都に迎え、彼のために白峰神社を建てているからだ。

明治天皇は宣命の中で「新政府軍に逆らう東北諸藩を平定させてください」と記している。当時、新政府は全国平定を目指し、戊辰戦争を戦っていた。この戦争に勝てば、皇室に七百年ぶりに政権が戻ってくる。いまや最後の詰めの段階。それを怨霊である崇徳上皇に阻止されることを危惧し、新政府は崇徳を祭神として京都への帰還を願ったのだろう。

かくして崇徳の望郷の願いは、七百年後にようやく達成されたのである。

8

祀り上げられる怨霊たち

……黒田官兵衛・長政、伊達政宗・秀宗

◆黒田官兵衛・長政父子が恐れた怨霊

菅原道真、平将門、崇徳上皇など、神として祀られた古代から中世の怨霊の話をしてきたが、じつは近世にも神になった男がいる。

一人は宇都宮（城井《きい》）鎮房《しげふさ》である。

羽柴秀吉は四百年も豊前国を拠点とした宇都宮（城井）氏の当主・鎮房に転封を命じた。ところが鎮房がこれを拒んだので、新たに豊前十八万石を与えた黒田官兵衛・長政父子にその討伐を命じたのである。

そこで黒田軍は鎮房の拠点である城井谷城をたびたび攻撃するが、撃退されてしまう。

そこで官兵衛は、息子の長政の嫁に鎮房の娘を迎えることで講和を結ぶ。そして鎮房を巧みに中津城に誘い出し、鎮房を殺害し、その後、宇都宮一族も抹殺したのだ。

やがて、中津城に怨霊となった鎮房が出没するとの噂が広く流れた。そこで官兵衛・長政父子は、鎮房の怨霊が黒田家に祟るのを防ごうと、鎮魂のために城の二の丸に城井神社を創建したといわれる。

黒田氏が福岡へ移ってからも、城井神社は取り壊されることはなく、宝永二年（一七〇五）には、中津城主の小笠原長円《ながのぶ》が鎮房を「城井大権現」という城の守護神に祀り上げた。怨霊を祀り上げて福神に転じるというのは、まさに古代からの伝統といえよう。

ちなみに福岡城へ移った黒田氏だが、なんと城内に改めて城井神社をつくっているのだ。よほど、鎮房を殺したことに心が咎めたのだろう。

なお、黒田氏の子孫たちは次々と夭折し、養子によって黒田家は継承されるが、宗家筋の血統は絶えてしまった。

これは、鎮房の祟りだと噂された。

◆伊達政宗に勘当された長男・秀宗

和霊《われい》神社は、四国を中心にして全国に百五十社ほど分布している。すべて愛媛県宇和島市の和霊神社から勧進・分霊されたものだ。その祭神・山家清兵衛公頼《やんべせいべえきんより》は、じつは伊予宇和島藩士だった。

そのあたりの事情を語っていこう。

初代伊予宇和島藩主・伊達秀宗は、伊達政宗の長男であった。

その母親は側室（出羽本庄城主・六郷氏出身）だったが、政宗の正室愛姫に男児ができず、秀宗は政宗の後継として養育された。その後、豊臣秀吉の猶子となって「秀」の一字を与えられて豊臣秀宗と称し、秀吉の子・秀頼の側近の一人となった。

だが、慶長四年（一五九九）、正室の愛姫が男児・虎菊丸（のちに忠宗）を産んだのである。秀宗は大坂冬の陣に父・政宗とともに出陣したが、結局、後継者は八歳年下で正室の血を引いた忠宗となってしまった。

家康は大坂冬の陣の戦功として政宗に伊予宇和島十万石を与えたが、政宗はそれを秀宗に賜り別家を立てさせた。また自ら秀宗に同行させる家来を選び、慶長二十年に秀宗は伊予の板島丸串城へ入った。

宇和島入りするさい、秀宗は政宗から六万両を借りた。

重臣たちの中には、政宗とは親子なので、わざわざ借金を返済する必要はないとか、長期返済すればよいのだという考え方をする者が多かった。

それに異をとなえたのが、家老の山家清兵衛公頼だった。宇和島十万石のうち三万石を政宗の隠居料とし、返済にあてるべきだと主張したのだ。結局、この案が通った。

清兵衛は政宗の信頼があつく、秀宗の補佐役として付けられた重臣。政宗に秀宗の行動を報告していたといわれ、ときにはその浪費をいさめることもあった。

そんな山家清兵衛が元和六年（一六二〇）六月三十日に家族もろとも屋敷で惨殺された。清兵衛は蚊帳を吊って寝ていたが、その四隅の吊り手をすべて切り落とし、落ちてきた蚊帳で身動きがとれなくなったところを、何度も刀で刺して殺したのだ。

犠牲になったのは、本人だけではなかった。次男と三男も刺殺され、まだ九歳の四男は、井戸に投げ込まれるむごい殺され方をしている。隣家には娘婿の塩谷内匠一家が住んでいたが、彼らもやはり刺客に殺害された。

山家清兵衛一家を惨殺したのは、桜田玄蕃《げんば》の手の者だったと伝えられる。同年、幕府は伊予宇和島藩に大坂城の石垣工事を命じたが、清兵衛と桜田玄蕃は共に奉行に任じられて現場に派遣された。だが、工事をめぐって二人の関係が悪化し、ついに玄蕃が「清兵衛に不正あり！」と主君秀宗に訴えたのである。

このため清兵衛は弁明しようと宇和島に戻り、秀宗に無実を訴えたうえで、自宅に謹慎して沙汰を待っていた。その最中に、このような目に遭わされたのである。

不思議なのは、清兵衛一家を惨殺した桜田玄蕃が、その後、何のお咎めも受けていないことだ。**本来、藩士同士の喧嘩は決して認められず、両成敗というのが原則**なので、玄蕃には死罪が申しつけられてしかるべき。

ということはおそらく、山家清兵衛の殺害は、玄蕃の恨みではなく、主君である伊達秀宗の意志だったと考えてよい。

つまり、上意討ちの刺客に桜田玄蕃が選ばれたわけだ。

しかも、秀宗はこの事件を父の政宗や幕府に一切報告せず、握りつぶそうとした。

このため、政宗は息子秀宗の措置に激怒し、秀宗に勘当を申し渡したうえ、幕府に「秀宗から領地を召し上げて欲しい」と願い出たという。

驚いた幕府の閣僚たちだが、老中土井利勝や秀宗夫人の実家・井伊直孝らのとりなしによって、この騒動（和霊騒動）はなんとか落ち着き、やがて、政宗の秀宗に対する勘当も解けた。

◆和霊大祭の起源

こうしてすべてが落着したように思えたが、主君の命で同輩に殺された山家清兵衛は、怨霊と化して藩の人々に災いをもたらし始めたのである。

少なくとも、宇和島藩士や領民はそう信じた。そこで、有志たちによって西ノ谷という場所に、山家一家の霊が密かに祀られるようになった。

ところが寛永九年（一六三二）、秀宗の正室である桂林院の三回忌が執行されていたとき、なんと、会場の金剛山正眼院本堂の梁が大風のために落下、あの桜田玄蕃が下敷きになって死んでしまったのである。

金剛山正眼院は、清兵衛が祀られた西ノ谷のすぐ側にある。

さらに、清兵衛の死に関わった者たちが、海の事故や落雷で次々と死んでいった。そうなると、「これらの不幸は、山家清兵衛の怨霊の仕業である」という噂が領内に広まり始めた。

そんなこともあって、家老の神尾勘解由《かげゆ》は、宇和島城の北・八面大荒神の境内に小祠を建てた。

けれどそれで荒ぶる魂が鎮まることはなく、台風や大地震など天変地異が続発、飢饉も発生した。

そのうえ、秀宗自身も中風に倒れてしまう。さらに長男の宗実《むねざね》も病弱で世嗣になれずに三十三歳で若死にし、二代藩主になると期待された次男の宗時も三十九歳で、秀宗に先立って死んでしまった。

そこで秀宗は承応二年（一六五三）に檜皮《ひわだ》の森に清兵衛のための社殿を創建し、京都の吉田家から奉幣使を招き、神祇勧請を行なって「山頼和霊神社」としたのである。清兵衛の怨霊をよほど恐れたのか、国元の宇和島だけではなく、江戸藩邸や大坂や京都の屋敷内にも和霊神社を分祀している。

元禄十三年（一七〇〇）には、清兵衛に明神号が与えられ、さらに享保十三年（一七二八）に和霊大明神となり、同十六年、五代藩主である伊達村候《むらとき》は、清兵衛の屋敷跡に和霊神社を創建、その霊を慰めることにした。

伝承では、承応二年（一六五三）に京都から奉幣使の行列がやってきたのは六月二十三日で、この折、激しく雷鳴がとどろいたという。

それ以後、この六月二十三日と翌日に和霊大祭を行なうようになったとされる。和霊大祭は年々盛大になり、町人や農民も参加するようになった。

ただ、お祭り当日は雨が降ることが多く、それは「山家清兵衛の涙雨だ」と信じられている。

9

「生類憐みの令」の真意とは？

……徳川綱吉、『源氏物語』、『平家物語』、『今昔物語集』

◆肉食を禁じた大和政権

穢れというのは、死者だけが発するものではない。

自然のあらゆるものには霊が宿っており、うっかり悪い霊に触れてしまうと穢れが発生し、人間に害をなすので禊《みそぎ》や祓《はらい》によってそぎ落とさなくてはならなくなる。こうした考え方を**アニミズム**といい、世界の多くの地域に存在する原始的な宗教・信仰である。日本の神道もその一つで、まさに八百万《やおよろず》の神が万物に宿る霊威にあたる。

私も子どもの頃、お風呂場でおしっこをしたりすると、お風呂の神様の罰《ばち》が当たると母親に叱られたが、このように今も日本人の中にアニミズムはしっかり根付いている。

さらにそうした観念を強化したのが仏教である。

たとえば、仏教では動物は不浄といって穢れた存在であった。現在も、神社や寺院といった聖なる空間には入れないことが多い。とはいえ、先述の藤原道長のように、動物をペットとして愛玩する貴族は多かった。

ただし、犬は穢れを屋敷に持ち込むことがある。行き倒れ人や墓の死体などを掘り返して食べてしまうからだ。しかも、食べ物を他の場所に移して埋める習性があるので、貴族の屋敷には、犬が持ち込んだ死体の一部が放置されることがあった。これを**「咋入《さくい》れ」**と呼ぶ。このようなことが起こると、その貴族は三十日間穢れを落とすために屋敷に籠もらなくてはならない。

そこで平安時代には、野犬を見つけると容赦なく追い払った。御所内でも野犬が増えると、犬狩と称して宮門をすべて閉じ、大内裏の縁の下から犬を追い出し、官人が弓矢をもってこれを狩る行事があった。ただ、**犬を傷つけない矢を用いたようで、捕まえた犬も殺さずに犬島という場所（おそらく川の中州）へ流していたとされる。**

肉食のタブーも仏教の思想だ。だから仏教を国教とした大和政権は、国家として肉食を規制した。六七五年、天武天皇が牛・馬・犬・猿・鶏を食べることを禁じたが、これが日本最初の肉食禁止令。ただ、禁令が出たからといって、それまでの獣肉食の風習が消えたわけではない。

そこで奈良時代の元明天皇も散乱する獣骨は埋め、「解体」は厳禁であると命じ、聖武天皇も「牛や馬は有用なので解体してはならぬ。違反すれば厳罰に処す」と諸国に禁令を発した。

こうした奈良時代の度重なる禁令により、貴族の間では肉食が穢れであることが浸透したが、庶民から獣肉食の風習が消えるのにはさらに時間がかかった。


女性の出産や生理も穢れだとして忌み嫌われた。たとえば妊婦は陣痛が始まると、産室と呼ばれる狭い部屋や小屋へ移され、日常の生活空間から遠ざけられ、産婆の助けを借りて出産した。夫の立ち会い出産など、昔はとんでもない話だったのである。

さらに、現代でいえばずいぶん失礼な話であるが、女性自体が穢れた存在だとされ、富士山や相撲見物など、女人禁制とする場所も多かった。

なぜ女性がこのような扱いを受けたかは諸説あるが、そんな習慣を逆手にとったのが、浄土真宗本願寺派を中興した**蓮如**《れんにょ》だった。仏教では、女性は極楽へ行けないとされた。どんなに念仏をとなえ、仏道に励んでも、来世でいったん男に生まれ変わってから、次の世でようやく極楽浄土へ往生できるとされていたのだ。

ところが蓮如は、阿弥陀仏の力によって女身を転じて往生できると断言したのだ。このため女性の信者が殺到、その夫も入信し、本願寺派が爆発的に信者を増やす一因となった。

◆見直される綱吉

さて、ここで江戸幕府の五代将軍綱吉の話をしよう。綱吉といえば、極端な動物愛護令である**生類憐みの令**を次々に出し、人々を苦しめた暗愚な人物というイメージがある。

ところが近年の教科書では、次のように記されているのだ。

「綱吉は仏教にも帰依し、1685（貞享2）年から20年余りにわたり生類憐みの令を出して、生類すべての殺生を禁じた。この法によって庶民は迷惑をこうむったが、とくに犬を大切に扱ったことから、野犬が横行する殺伐とした状態は消えた。また、神道の影響から服忌《ぶっき》令を出し、死や血を忌みきらう風習をつくり出した。こうして、戦国時代以来の武力によって相手を殺傷することで上昇をはかる価値観はかぶき者ともども完全に否定された」（『詳説日本史B』山川出版社 2015年）

意外に思うかもしれないが、プラス評価に変化しつつあることがわかるだろう。

ただ、教科書にある「死や血を忌みきらう風習をつくり出した」ということについて、綱吉は異常性格者で、彼の生類憐みの令は、血の穢れを病的に嫌う綱吉の異常さから発布されたのだという説がある。

これを説いたのは前田愛氏である。

前田氏は、綱吉が生類憐みの令を出したのは、教科書に記すような、野犬が横行する殺伐とした風習を改め、死や血を忌み嫌う社会をつくるためではなくて、「血の穢れを忌み嫌う綱吉の奇妙な性癖にもとづくことを示唆している」（『幻景の明治』筑摩書房）と述べている。

その証拠として、蚊をつぶして頬に血を付けた武士を処罰したり、綱吉の下着に血がついていたことに腹を立て、担当者に閉門を申しつけたりしたことをあげた。

さらに、元禄二年八月に触穢の禁令を発し、鼻血や痔、腫れ物などを患っている者は入浴しても穢れを清めるのは不可能だから、登城や出仕してはならぬと命じたことを根拠に、「綱吉は、べつに動物が好きであって、これを愛護したわけではなく、むしろ、動物を怖れ、それを殺害したり、虐待したりする結果としてあらわれる、恨み、祟りや、血の穢れを、恐れ、忌み嫌ったのだ」（桑田忠親著『徳川綱吉と元禄時代』秋田書店）と結論づけたのである。

血などの穢れを嫌ったから生類憐みの令を出したというのは、なんとも意外であろう。

いずれにせよ、日本人は死体だけでなく、動物や肉食、出産、血など多くのものを穢れと考え、大昔からそれに触れぬよう生活してきたのである。

◆文学・芸術で活躍する怨霊

以上、怨りや穢れについて、その歴史を追ってきた。

私たち日本人は今でも、祟りを恐れたり、穢れに触れることを嫌う傾向が強く、自分に不運なことや、嫌なことが続くと、「もしかしたら祟りではないか」とか、「不浄なものに触れたせいではないか」と気にする人も多いだろう。

そうした思考回路が定着した理由として、一つは、人から人へと祟りや穢れの話が語り伝えられてきたことが大きかったろう。だが、口承以上に影響を与えてきたのは、やはり芸術の力ではないかと思っている。

怨霊たちはやがて、文学や芸術の分野にも取り入れられていくようになる。

よく知られているのが**『源氏物語』**の六条御息所だろう。光源氏に恋い焦がれた年上の六条御息所は嫉妬に狂って生霊となり、葵の上など光源氏の愛する人々に害をなし、死んでからも怨霊となって祟り続けた。

平安時代末期に成立した**『今昔物語集』**は、仏教説話を集めたものだが、話の中には多くの怨霊が登場する。

『平家物語』をはじめ、すでに紹介した『保元物語』や『太平記』など、中世に成立した

軍記物語にも、怨霊にまつわる話は多い。世阿弥が確立した能楽のジャンルに「夢幻能」があるが、これは、僧が旅先で怨霊や精霊、幽霊に出会うという設定だ。

江戸時代になると、怨霊はますます芸術の分野での活動を広げていく。文学では、怪談の傑作が上田秋成の『**雨月物語**』だろう。これまで紹介してきた崇徳上皇も登場する。お岩が夫の伊右衛門に祟る鶴屋南北の『**東海道四谷怪談**』は歌舞伎の狂言（脚本）だが、歌舞伎の世界でも怪談は人気演目となった。

落語の世界でも『**牡丹灯籠**』の三遊亭圓朝など、怪談話の名手が登場する。さらに百物語といって、人々が集まって順番に怪談を語り、百話目に本当に化物や幽霊が登場するという遊戯が流行し、それにまつわる物語も多く出版された。

こうした江戸時代におけるブームを先の池上良正氏は、「『祟り』と『供養』の物語は、『売れ筋』の商品となった」（『死者の救済史』角川選書）と表現する。そして「娯楽性を高めながら語りつがれる怪談話の隆盛は、一見したところ軽薄な町人文化の徒花《あだばな》に見えながら、じっさいには民衆社会に深い根を張っていた」（前掲書）と述べている。

祟りと穢れ、この表裏一体の存在が社会に深い根を張り、じつは今も、日本人の行動様式に大きな影響を与え続けているのである。

4章　なぜ「和を貴ぶ」のに、たびたび争いが起きたのか？

――憲法十七条から「コロナ」まで続く原理とは

日本史の法則④

和の名のもとに、他人の自由を許さない

2019年の流行語大賞を覚えているだろうか。「ONE TEAM（ワンチーム）」である。アジア初開催のラグビー・ワールドカップ日本大会――そこで日本代表チームが掲げたスローガンだ。

ヘッドコーチのジェイミー・ジョセフが考案した言葉だというが、日本代表はまさに「ONE TEAM」になって見事、史上初のベスト8を勝ち取った。その間、多くの感動を私たちに与え、国内におけるラグビーの地位を不動のものにした。

ラグビーは明治維新のころイギリスで確立したスポーツで、日本でも百年以上の歴史を持つ。中村雅俊さん主演の『われら青春！』（日本テレビ系）や山下真司さん主演の『スクール・ウォーズ』（TBS系）など、半世紀前から青春ドラマやスポ根ドラマで欠かせないスポーツになっている。近年も大泉洋さん主演の『ノーサイド・ゲーム』（TBS系）に涙した人も多いだろう。

日本人は今も「皆で力を合わせてがんばろう、団結して一つになり目標を達成しよう」

という傾向が、他の国よりかなり強い気がする。そのためには、個人の犠牲や自由の制限もある程度やむをえないと考える人も多いのではないだろうか。

ラグビー日本代表の活躍と国民の熱狂ぶりを目にしながら、「ONE TEAM」という精神は、日本人の中に根付いた行動原理の一つだと改めて確認することができた。

ただ、考えてみるとこの原理はプラスに働くこともあれば、マイナスに働くこともある。最近でいえば、プラスに働いたのがまさにラグビー日本代表の活躍であり、マイナスに働いたのがコロナ禍での**自粛警察**や**マスク警察**ではないかと考えている。その同調圧力が半端でないことは、多くの読者も実感しているはずだ。

私がそれを強く感じたのがFacebookでの出来事だ。このSNSの冒頭には「過去の思い出」というかつてアップした写真や文章が掲載される。なつかしいなとシェア・ボタンを押すと、その写真がFacebookに再投稿され、自由に閲覧できるようになる。

たまたま緊急事態宣言の時期に、私が二年前に行ったタヒチの写真が「過去の思い出」に上がってきたので、思わずシェア・ボタンを押した。これがまずかった。タヒチに行ってから数カ月後にアップした写真だったようで、投稿写真の余白に「南の島に行きたい」という一文が添えてあったのだ。

たちまち数人のFacebook上の友人から「今は自粛ですよ」、「旅行はがまんしてください」」、「旅行は緊急事態が解けてから」と次々とコメントが寄せられ、あわてて投稿を削除した。まだ自粛警察という言葉が広く知られる前の話だ。

じつは、戦前も同じようなことがあった。軍国主義に突き進んだ挙国一致政策だ。「欲しがりません勝つまでは」、「ぜいたくは敵だ」という言葉は有名だが、これは、戦時中に戦意高揚のために新聞各社と大政翼賛会が主催して国民から公募した「国民決意の標語」だ。そして、ほとんどの国民は、この標語を遵守し、つましい勤倹生活をまじめに送った。

いっぽう、それを守らない人々を「皆ががんばっているのに、なぜ勝手な行動をするのか」と激しく攻撃した。中には**「町会決議により、パーマネントの方は当町の通行をご遠慮下さい」**と立て看板を掲げた町も出てくる始末だった。

本章では、**団結を重んじる一方、他人の自由を許さない日本人の行動原理**を歴史的に考察していこうと思う。

1 必ず合議制に落ち着く日本人
……憲法十七条、大宝律令、摂関政治、鎌倉幕府、江戸幕府

◆「和を以って貴し～」は「仲良くしなさい」ではない

聖徳太子（厩戸王）が定めたとされる憲法十七条（六〇四年）は、「和《やわらぎ》を以て貴しとなし、忤《さか》ふること無きを宗《むね》と為よ（和を尊び、人に逆らわないようにしなさい）」という条文があまりに有名なものだから、**「和」というものの大切さを人々に説いたのだというイメージが定着してしまっている。しかし、それは間違いだ。**

憲法十七条は、大和政権の豪族たちに出された通達であり、中国の隋のように天皇（皇帝）のもとに権力を集めて支配を秩序づけ、豪族たちに国家の官僚としての自覚を求めたものである。また、憲法十七条には「それ事は独り断《さだ》むべからず。必ず衆《もろもろ》とともに宜しく論《あげつら》ふべし（物事は独断で決めるな。必ず皆と議論して決めなさい）」という一文があるが、これも、特定の豪族による専横を諫めたものだ。

とはいえ、「和」の精神を重んじ「衆と論ふ」という文言は、まさに日本人の特性を指摘

しているようで、だからこそ、こうした勘違いも起こるのだろう。強い自己主張をせず、協調的に物事を進めていく日本人――それは歴代の政治を見ても、明らかである。昔から日本の為政者たちは、衆議を重んじつつ政治を運営するのが常態だったのである。

奈良時代前後に成立した大宝律令や養老律令によって、朝廷の政治制度はしっかりと定まった。中央の政治組織を太政官といい、太政大臣、左大臣、右大臣、大納言といった構成員の公卿たちが、合議によって政策を決め、決定事項は天皇の裁可を得て、天皇の命令（意志）として詔や勅《ちょく》という文書形式で発布された。

公卿の決めたことに天皇が異を唱えることはなかった。衆議を重んじたのである。

◆「摂政や関白はやりたい放題」という誤解

合議という政治手法は、平安時代に藤原氏（北家）が権力を握った摂関政治も同様だった。**すべてを摂政や関白が独裁していたという印象が強いが、それはまったく正しくない。**

摂政・関白（外戚）は、官人（官僚）の任免権を有したので力があったのであり、専政を行なったわけではない。おもな政策は太政官の公卿会議で審議されて決まった。

とくに重要問題に関しては、**陣定**《じんのさだめ》（内裏の左近衛府の陣が置かれた陣座《じんのざ》という場所で開催される公卿会議）が開かれ、各公卿たちの意見が求められた。最終的に天皇や摂関が決断を下したが、だいたいにおいて多数派の意見が尊重された。

では、初めての武家政権である鎌倉幕府はどうだったのだろうか。こちらも二代将軍源頼家以降は、将軍は幕府のお飾り的存在になり、実質的には執権北条氏がリーダーシップを取りつつも、有力御家人から構成される評定衆の合議というかたちで政治が運営された。とくに三代執権北条泰時は、**御成敗式目**に基づき、評定衆の意見を尊重した衆議政治を進めた。これを**執権政治**と呼ぶ。しかしやがて北条氏が独裁色を強めていく。そうなると御家人たちの気持ちが離れ、鎌倉幕府は瓦解していくことになったのである。

江戸幕府の支配機構（職制）がしっかり整備されたのは、三代将軍家光の時代である。重職は譜代と旗本で占められ、外様や親藩（徳川一族）は政治に参加させなかった。将軍のもとで政務にあたるのが、二万五千石以上の譜代から任命された老中だ。定員はおおむね三〜五名。ただ、政務は月番制（一カ月交替制）だった。これは老中だけでなく、重要な役職はみな同様。しかも大事な要件は、話し合って決めていた。

こうした合議制の採用は、独裁を防ぐためであった。

これまで見てきたように、**日本の政治は古代から衆議によって決定してきたのである。もちろん、独裁が行なわれた時期も存在するが、それはいずれも長続きしなかった。**

2

「独裁は続かない」という原理
……中大兄皇子、藤原仲麻呂、後醍醐天皇、東条英機

◆繰り返される「強権発動→反乱・政変」

内閣総理大臣は九十七代を数えるが、一年間も首相の座にいなかった人がおよそ三分の一を占める。ここまで為政者がコロコロと変わる国は少ないと思う。

これは内閣制度に限らない。歴史をさかのぼっても同じ事が言えるのだ。政権交代の頻繁さは、ある意味、日本特有のものではないかとさえ思えてくる。

とくに強権を発動して慣例を大きく変えようとする為政者に対しては、必ずといってよいほど反乱が起こったり、当人が死去してすぐ政変が勃発している。

中大兄皇子、藤原仲麻呂、平清盛、後醍醐天皇、足利義教、織田信長、水野忠邦、東条英機などがその代表だろう。

せっかくなので、簡潔に各人の失脚状況について説明していこう。

中大兄皇子は、別項で述べたように白村江の戦いに敗れた後、大宰府に水城をつくったり、都を大津へ遷したりと莫大な軍事費を使ったうえ、強引に息子の大友皇子を後継者にしようとした。

このため、死後すぐに壬申の乱が勃発し、彼がつくった政権は瓦解した。

藤原仲麻呂は、光明皇后（聖武天皇の皇后）の後援を得て朝廷の実権を握り、孝謙天皇をうまく譲位させて子飼いの淳仁を皇位につけ、政治組織を中国風にするなど改革を断行していった。だが、仲麻呂が孝謙上皇の怒りを買うと、こぞって貴族たちが孝謙側に味方し、仲麻呂は挙兵を試みるも、むなしく敗死してしまった。

平清盛も、別項で述べたように、天皇の御落胤という立場を利用して力を伸ばしたが、治天の君である後白河法皇を幽閉し、孫を天皇にすえるという強引なやり方が各界の反発を呼び、源平の争乱が起こった。

清盛は事態を沈静化させようと、福原に遷都を強行したり、興福寺や東大寺を焼き打ちにするなどしたが、それがますます社会を混乱の渦に陥れ、結果的に清盛の死後わずか数年で平氏は滅び去った。

後醍醐天皇は、鎌倉幕府を倒して京都に建武政府を樹立し、「朕が新儀は未来の新例たるべし」と豪語し、次々と新しい政策をぶち上げた。しかし武士に対して倒幕の恩賞が薄かったこともあり、叛旗を翻した足利尊氏によってわずか二年で政権は瓦解した。

足利義教は室町幕府の六代将軍である。将軍宗家の後継者が絶えたことで、くじ引きで将軍となった人だ。

室町幕府は、管領や有力な守護大名による評定会議を開き、合議によって政治を行なっていた。しかし義教は会議の数を減らし、管領の畠山満家、斯波義淳《しばよしあつ》、細川持元《もちもと》、山名時熙《ときひろ》といった数名の重臣から個別に意見を聴取し、反対意見を述べた大名に再諮問を行ない、時には説得して政策を決定していくことを好むようになる。

ただ、満足できなかったのか、やがて義教は奉公衆（直臣）の軍事力を整備・強化し、本格的な独裁を始めていく。

義教の在世中、処罰された人々は、ゆうに二百名を超える。正統な理由や戦略的に大大名の力を削ぐために処分するという面もあったが、それだけではない。短気や癇癪を起こして発作的に厳罰に処することも多かった。

たとえば、お酌が下手だと言って女官をひどく殴りつけたうえ坊主頭にしたり、自分に説教した日蓮宗の日親《にっしん》の頭に火で熱した鍋をかぶせ、喋らぬように舌を切り落とした。伏見宮貞成親王が「万人恐怖」と記すほど、些細な理由で怒りを爆発させ、多くの人びとを恐怖に陥れた。

さらに、自ら兵を率いて比叡山延暦寺を包囲した。驚いて延暦寺側が降伏したことで、いったん騒動は収まったが、やがて延暦寺が義教を呪詛しているという噂が流れると、義教は激怒して再び比叡山を包囲、その門前町坂本に火を放ったのである。

その後、義教は寺側の責任者四人を許すふりをして部下に殺害させたので、比叡山の僧兵たちは抗議のために根本中堂に籠もり、二十四人が焼身自殺する騒ぎに発展した。仏罰など恐れぬ権力者像は、どこか後世の織田信長を彷彿させるものがある。

結局、義教は守護大名の赤松満祐に殺害された。自分が処罰されると恐れた満祐が暗殺計画を実行に移したのだ。

まさか殺されるとは思わず、招きに応じて満祐の屋敷に赴いた義教。宴席では猿楽が演じられ、宴たけなわになったとき、義教の背後の障子が開いて武装した者たち数十人が乱入、問答無用で義教を囲み、殺害したのである。「将軍、此の如き犬死、古来、その例を聞かざることなり」（『看聞御記《かんもんぎょき》』）と、伏見宮貞成親王はその日記に記したが、まさに犬死に等しい最期といえた。

◆たびたび背かれた信長

織田信長が明智光秀に殺害された理由は不明だが、荒木村重、松永久秀、浅井長政、武田信玄など、これまで多くの家臣や大名に背かれている。彼の強引で人間を理解しようとしない性格が災いしてのことだと思われる。

幕府の老中・**水野忠邦**は、将軍家斉《いえなり》の文化・文政期に弛緩した政治状況を正そうと、天保の改革を断行した。その理念は見上げたものだったが、あまりに性急で厳しかったこともあり、わずか二年で大名や旗本に反発を受けて失脚してしまった。

太平洋戦争を勃発させた**東条英機**も、戦時中に失脚している。日本が連戦連勝している間は国民は熱狂的に東条を支持したが、戦況が悪化すると東条内閣を憎悪するようになり、失脚してしまったのである。

このように日本史上、**大きな権限を握った為政者たちは、短期間のうちに自滅していった。**他国のように数十年続く専制政治は皆無といってよい。

とくに多数に犠牲を強いることが明らかになると、とたんに人々は為政者に噛みつき、寄って集《たか》ってその座から引きずり下ろそうとした。

民を虐げる独裁には屈しない。

それがどうやら、日本人の特徴らしいのである。

3 江戸時代、「殿」への忠誠は建前だった？
……上杉鷹山、水野忠辰

◆主君・鷹山に公然と刃向かう重臣たち

さて、戦国時代に続いて江戸時代の話をしよう。

戦国時代の下剋上の時期は別として、江戸時代になると、儒教（朱子学）道徳が浸透したこともあり、主君に対して家臣は服従していたというイメージがある。確かに、建前上はその通りであった。

でも、実際に主君が家臣たちの多数意見を無視して、勝手に行動したらどうなるのだろうか。

そのあたりについて、二つ例をあげよう。

米沢藩を建て直した藩主・**上杉治憲（鷹山）**は、名君として知られている。もともと日向高鍋藩主秋月種美《たねみつ》の次男として生まれ、九歳のときに米沢藩主・上杉重定の養子となり、十七歳で藩を相続した。

米沢藩はひどい財政難だったので、治憲は財政再建を決意し、藩主就任早々、江戸の藩士たちを集めて改革の実行を公言、大倹約令を出して多くの行事の中止や縮小、家臣間の祝宴や贈答を禁じた。

ところが、である。国元米沢の重臣たちは、自分たちに事前の相談もなく改革を始めたことに猛反発し、わざと贅沢な暮らしぶりを見せつけた。

そして治憲が国元に来ると、七名の重臣がその居室に入り込み、二十二歳の治憲を軟禁状態にし、数時間にわたって改革を担当する竹俣当綱《たけのまたまさつな》と莅戸《のぞき》善政の解任を迫ったのである。ひどい恫喝だった。

治憲はどうにか隙を見て養父・重定の部屋へ飛び込んで難を逃れた。

このように重臣たちは、意に沿わぬ藩主に平然と刃向かったのだ。

その後もたびたび治憲は重臣たちの反発に遭い、天明の飢饉で財政が破綻したときには、藩主を引退に追い込まれている。

しかしそれでも改革を諦めず、新藩主を支えながら藩政改革を成功に導いた。まさに名君といえよう。

◆「主君押し込め」……家臣による強制隠居

そんな治憲とは正反対に、あわれな末路を迎えた殿様がいる。岡崎藩主**水野忠辰**《ただとき》である。元文二年（一七三七）に父の忠輝が没したため、忠辰はわずか十四歳で藩主についた。岡崎は享保の飢饉の痛手や大洪水のため疲弊していた。そこで忠辰は、改革を決意する。上杉鷹山同様、徹底的な倹約から財政の立て直しを図ったのである。

自分の衣服を木綿に限り、食費も一日わずか百文にして家臣に範を示すとともに、有能な人材を中下層より抜擢して一気に改革を推進した。このため数年で財政は再建され、五万両の余剰金を得た。

しかし、こうした性急なやり方に老臣層が反発、忠辰の命令に従うことを渋ったり反抗的な態度を見せるようになる。忠辰は怒り、家老の拝郷《はいごう》源左衛門や年寄の松本頼母《たのも》に隠居謹慎を命じ、一方で次々と能力のある軽輩を抜擢していった。

けれど、こうした秩序を破壊する人事が家中を動揺させ、藩士たちを結束させてしまった。

寛延二年（一七四九）正月になると、重臣たちが役所に出仕せず、忠辰が使者を遣わしても病気と称して出てこなくなった。今でいうストライキだ。驚いた忠辰は、彼らの慰撫に努め、改革に対する自分の気持ちを一書にしたため協力を求めた。だが、冷酷にも重臣たちはそれを黙殺した。

するとお忠辰は完全に藩政改革の意欲を失い、自暴自棄になって遊郭に入り浸るなど贅沢三昧な暮らしを始めた。果ては七百両で吉原の遊女を身請けする始末だった。

このままでは岡崎藩は破綻する。そこで宝暦元年（一七五一）、忠辰が母の墓参りに行こうと表座敷へ出たところ、家臣たちが身柄を拘束して座敷牢へ放り込んだのである。

岡崎藩は幕府に対して藩主が「気が触れた」旨の届を出し、水野家の縁戚（水野平十郎守満の次男忠任《ただとう》）を藩主にと申請。翌年、幕府からその許可が下りた。

いっぽう忠辰は、座敷牢の中でまもなく息を引き取った。悲観して命を絶ったのか、家臣に抹殺されたのだろう。二十九歳であった。

この例からわかるように、藩主の行動が藩の伝統や慣例を破ったり、お家の存続を危うくするとき、家臣たちの衆議によって強制的に隠居させられることがあったのである。これを**「主君押し込め」**と呼ぶ。

このように**江戸時代の大名家では、実質的に憲法十七条でいう「衆と論ふ」――衆議政治が行なわれていたのである。**

4

「お上にひれ伏す弱き民」は正しいか

……団結を最大の武器とした惣村

◆惣村の誕生

これまで為政者の視点から「和」や「衆議」というものを見てきた。

続いて、支配される側にとって、それがいかに大事だったかということについて考察していきたい。

武士が日本を統治していた時期、民はただおとなしく支配に服してきたようなイメージがあるかもしれないが、そうではなかった。

たとえば農村の自立的な動きは、鎌倉時代後期から見られるようになってくる。

南北朝時代になると、畿内を中心に、

「荘園の枠組などとっぱらい、地域的にまとまって協力していこうではないか」

という連帯の動きが見られる。農業技術の発展により、生産力が向上したことで、貧しい農民たちも経済的な余裕を持つようになったのだ。

いずれにせよ、こうしてまとまった近隣の農民たちは、自分たちの手で集落の自治を行なうようになった。このような村落を**惣村**（**惣**）と呼ぶ。

おそらく、南北朝の動乱のために農民に重い税が課されたり、村が戦場になったりした悲惨な体験が、農民たちに団結と自治の必要性を痛感させたのだと思われる。

惣村のリーダーになったのは、有力農民である名主《みょうしゅ》や地侍だった。地侍というのは、有力武士である国人や守護大名と主従関係を結んで侍身分を獲得した者たちのこと。

名主や地侍は「おとな」とか「沙汰人《さたにん》」と称する職について、村人を主導していった。

灌漑用水や入会地（村の共有地）は共同で管理され、田植えや屋根の葺き替えなどの人数が必要な労働については助け合いの共同作業が行なわれた。これを「**結**《ゆい》」と呼ぶ。

領主に払う年貢も、個人個人が納めるのではなく、村がまとめて請け負う村請制度をとるようになる。もし個人の事情で支払えない場合は、村全体でそのぶんを補った。このような構成員の協力や協調により、村人たちの生活は安定した。

村における重要な取り決めは、**寄合**という会議で決定した。おとなや沙汰人だけでなく、一般の農民も参加でき、構成員の多数決で決められた。いわば、直接民主制のようなシステムが室町時代の農村に存在したのである。

惣村では、村内秩序を維持するために独自の村掟（規則）を定め、村人はこれを遵守することを互いに約束し合った。違反があった場合、自分たちの手で違反者を厳しく処罰した。これを**地下**《じげ》（**自**）**検断**と呼んでいる。

◆盗人が問われた「盗みよりはるかに重い罪」とは

この事例がよくわかる記録が、『政基公旅引付《まさもとこうたびひきつけ》』である。九条政基が文亀元年（一五〇一）三月から永正元年（一五〇四）十二月までの惣村の様子を記録した日記である。

摂関家に生まれた政基だが、時代は戦国、広大な荘園群も守護大名や寺院勢力に侵略され、入ってくる税も急減し、その生活は苦しかった。そこで政基は、先祖が天福二年（一二三四）に開発した和泉国日根（大阪府泉佐野市）の荘園を直接支配しようと、都から下向してきたのである。

領主が在地にいることで、大きな仏教勢力である根来寺《ねごろじ》や和泉国細川両守護の侵略から日根荘を守ろうとしたのである。政基は五十七歳。当時としてはかなりの高齢だが、家司《けいし》や侍など二十名程度を引き連れ、日根荘の入山田村長福寺を拠点とし、短期間、荘園の支配にあたった。

さて、政基の『旅引付』の文亀四年（一五〇四）二月二十六日に次のような一文がある。

「去る夜、盗み取る者あり。追い懸《か》くるのところ、松下の滝宮の第一の御子、宅あり。（略）則《すなわ》ち内に入り見るのところ、件《くだん》の御子、同じく息子兄弟なり。よって母も子も三人共、もって殺害し了《おわ》んぬ。盗人の故《ゆえ》なり」

右の文章を要約すれば、「ある夜、村共有の蕨粉《わらび》を盗んだ者がいた。追いかけてみると、滝宮（村の神社）の巫女の子どもだった。家の中には他の兄弟もいた。そこで窃盗の罪により、母と子二人を処刑した」というのだ。

その年、日根荘はひどい凶作に見舞われたが、盗まれた蕨粉はそうしたときに放出される村人たちの貴重な食糧だったと思われる。政基はその苛酷な処罰を知り、日記の中で「なにも殺すことはなかろうに」と、村のやり方に不快感を示している。

だが、村人たちにとってこの仕置きは、しごく当然のことだった。巫女母子が犯した罪の重さは、盗みではなく、村の団結を乱したことにあった。自分だけおいしい思いをすればよいと考える人間が村にいることは、自治の崩壊を意味していたのだ。

惣村にとっては、団結こそがもっとも重要な武器だったのである。

それについて、次項で詳しく見ていこう。

5

戦国大名が顔色を気にした相手とは？
……逃散、強訴、詫言、合力という惣村のしくみ

◆ラブコールは城主から

「赤信号、皆で渡れば怖くない」という言葉がある。違法行為であっても、皆でやればまかり通ってしまう。ただ、あくまで「皆」であることが重要だ。**二割、三割の人々が違法行為をためらえば、そこから切り崩されてしまう。**

惣村では、領主の不法に抗議して田畑の耕作を放棄して集団で逃亡（**逃散**《ちょうさん》）したり、領主などのもとへ集団で押しかけた（**強訴**）。これは村が一致団結して初めて可能な抵抗で、味方から裏切り者が出たら、なし崩し的な敗北になる。だから前項のように、村の蕨粉を盗んだ母子を容赦なく処刑したのだ。さて、次の文書を読んで欲しい。

「御詫言《わびごと》申し上ぐるにつき、当年貢・諸公事《くじ》、一廻り御赦免しおわんぬ。前々彼の郷に候百姓、何方《いずかた》にこれ有るともことごとく召返し、野蔦《のづた》の郷に仕付け、田地を打開き耕作いた

すべき旨、仰せ出さるるものなり」

（『河井家文書』）

これは、野蔦郷（現・東京都町田市の一部）に出された八王子城主・北条氏照（小田原城主・北条氏政の弟）の印判状である。文書の冒頭部分を「農民どもが哀願するので情けをかけ、今年の年貢は免除してやろう」と単純に解釈してはいけない。**「詫言」**とは、領主に泣きつくことではなく、農民の側から年貢の減免を求めることをいうのが普通だった。

しかも、文書に「百姓、何方にこれ有るともことごとく召返し」とあることから、野蔦郷の農民が逃散という抵抗手段に出ていることがわかる。

逃散は多くの場合、春の作付けシーズンを狙って決行された。通常、残った村の代表者が「詫言」を領主に訴え、要求が受け入れられて初めて農民たちは村に戻ってきた。

耕す農民がいなければ、土地（田畑）はなんの価値も持たない。だから北条氏照は、しぶしぶ年貢の免除を約束し、「早く村に帰って来い」と農民にラブコールを送った、それがこの書状なのである。

これは氏照に限ったことではなく、多くの戦国大名が領民の意思に反した行動はなかなかとれなかった。とくに税に関して強引な徴収を続けていれば、逃散などの抵抗によって領民たちは他領に移ってしまった。結果、自滅の道をたどることになる。

そうしたこともあり、**戦国大名は領民の顔色をうかがいつつ、支配を進めていったのだ。**領民たちの支持なくして、大名家の存続はありえなかったといえる。

◆団結した村は武士より強し

さらにもう一つ、具体例を紹介する。

「武州川越において合戦これ有り。これにより人々このあたりを通路し、討ち漏れ人（落武者）は民家・寺院に押入り、乱暴をはたらく。よって村々言い合わせ、豪士あわせて三百五拾騎、小山田庄図師村合野原（東京都町田市）に集まり、軍人（落武者）見合せ次第に討とる」

（『薄井系図』）

天文七年（一五三八）のことを記した記録である。戦国時代の村は、自衛のための武力を有し、いざというときには、このように他村と**「合力」**して武士さえも排除したのだ。

小説やテレビに登場するように、戦国時代の民たちは虐げられて黙っていたわけではない。自分たちの生活を守るため、村一丸となって権力や危機に立ち向かっていった。そして、それを可能にしたのは、強く固い絆だった。繰り返しになるが、それがあって初めて、民は乱世を生きのびてゆくことができたのである。

6

なぜ室町幕府は農民に屈したのか？

……徳政令を受け入れさせた土一揆の威力

◆正長の土一揆

前項で、戦国時代の農民たちが自衛のため力を合わせて武士を斥けた例を紹介した。じつは実力行使という形態は、すでに室町時代から始まっていた。それが**土一揆**である。

一揆というと、「むしろ旗を押し立てつつ、農民が集団で鍬や鎌を持って領主のもとにおしかける」というイメージが定着してしまっているが、**もともと一揆という語には、武力蜂起の意味は含まれていない。意外なことに、「仲間同士で一致団結する」というのが原意なのだ。**

具体的には「目的を実現するため、皆が起請文《きしょうもん》（神仏の名を記した紙）に連署し、その紙を焼いた灰を水にとかし、まわし飲み（一味神水）して同心を誓う」、それを一揆という。

これは農民に限らず、武士や僧侶の間でも広く一般的に見られる儀式だった。十五世紀前半になると、農民が一揆を結んで武装蜂起する事件が続発したことから、やがてこの蜂起自体を「土一揆」と呼ぶようになった。

この時期の土一揆は、幕府や荘園領主に**徳政令**を要求することが多かった。徳政というのは、簡単にいえば借金の帳消しだ。室町時代は貨幣経済が浸透し、高利貸から借金を重ね困っている農民があふれていた。そうした人々が政治権力に対して公然と借金の帳消しを求めたのが土一揆であった。

柳生（奈良市）の里の街道筋には地蔵を刻んだ巨石があり、「正長元年よりさきは、神戸四箇郷に負目《おいめ》（負債）あるべからず」という文字が彫り込まれている。これは正長元年（一四二八）、一揆（**正長の土一揆**）側が徳政（借金の帳消し）を獲得した勝利宣言だといわれている。

この年、四代将軍の足利義持が死んで義教が新将軍に就任、称光天皇が亡くなり後花園天皇が即位した。こうした代始めには、人びとは政治の一新を期待する。

近江国（滋賀県）の農民たちが徳政を要求したのが発端となり、この土一揆は京都に飛び火し、伊賀、伊勢、大和、紀伊、和泉、河内、摂津へと、燎原の火のごとく燃え広がっていった。

このため大和国では、大規模な荘園を所有する興福寺が要求に屈し、奈良市中における徳政を認めたのである。

こうした事態は、権力者にとっては驚愕すべきものだった。室町幕府のある京都にも民衆がなだれ込み、土倉や酒屋（いずれも高利貸）の蔵を破壊し、借金証書を焼き捨て、略奪行為に及んだ。

無政府状態に陥ってしまったのだ。

興福寺大乗院門跡の尋尊《じんそん》は、その日記に、

「天下の土民蜂起す。徳政と号し、酒屋、土倉、寺院等を破却せしめ、雑物等恣《ほしいまま》にこれを取り、借銭悉《ことごと》くこれを破る。…（略）…凡《およ》そ亡国の基《もとい》、これに過ぐべからず。日本開闢《かいびゃく》以来、土民蜂起是《こ》れ初めなり」

と記し、大きなショックを受けている。

庶民が団結して挙兵し、公然と政治権力に己の要求を受け入れさせる、そんな時代が始まったのである。

◆嘉吉の土一揆

なかでも大規模だったのは、**嘉吉《かきつ》の土一揆**だ。

別項で述べたが、六代将軍義教が殺害されてまもなく発生した。将軍を殺した赤松満祐は、悠々と京都の屋敷を出て国元の播磨へと落ちていった。幕府では管領細川持之が義教の子・義勝を七代将軍とし、翌月、ようやく播磨へ征討軍を発向させた。

なんと、その軍事的空白を突いて、農民たちが都に乱入し、徳政令の発布を要求したのである。幕府軍の主力は播磨におり、軍事的に手薄なところを突いたのである。

仕方なく幕府は要求を受け入れ、正式に全国に徳政令を発布してしまった。つまり、一揆側に屈したわけだ。被支配階級が武士政権を屈服させた画期的な戦いだったといえるのである。

こうして十五世紀前半に始まった農民の団結による武力蜂起だが、**さらにその後、信仰で結ばれた人々の武装蜂起が起こってくる。**

それが一向一揆である。

7

信長が「根切り」をせざるをえなくなった事情

……信仰が加わった一向一揆の強さ

◆百年も武士の支配をはねのけた「百姓の持ちたる国」

一向一揆は、戦国大名を悩ませたことで広く知られている。いうまでもなく一向宗（主に浄土真宗本願寺派）の門徒たちの武力蜂起のことだ。

一向宗は親鸞を始祖とするが、京都大谷本願寺の八代法主**蓮如**《れんにょ》が巨大な勢力に育て上げた。蓮如は「人間は本来、仏の前に平等である」と説き、農民や下層民、女性の熱狂的な支持を集め一気に信者を増やした。

門徒たちは理想郷をつくるため、本願寺派の寺院や道場の周辺に集住するようになった。こうして生まれた町は、武士や敵対宗教勢力から住人を守るため、深い堀や土塁を周りにめぐらせた。こうした一向門徒たちの都市を**寺内町**《じないまち》と呼ぶ。領国を一元的に支配しようとする領主や戦国大名にとって、広汎な自治を行なう寺内町は目障りだし、許容できない。

一方、**信仰の下の平等をとなえる一向門徒にとっても、武士を頂点とする縦社会は受け**

入れがたい。こうして利害関係が対立するようになり、一向門徒らは戦国大名などの権力に集団で抵抗するようになったのである。

とくに一向一揆が激しかったのは、蓮如の拠点・吉崎御坊《ごぼう》があった加賀国だ。

十五世紀後半、加賀国守護は富樫《とがし》氏だったが、同氏は政親派と幸千代《こうちよ》派が長年抗争していた。初め一向門徒は政親側について幸千代派を追放したが、長享二年（一四八八）、今度は富樫城（金沢市高尾）を取り巻いて政親を滅ぼし、加賀国の実権を握った。以後、この国は長衆（門徒のリーダー）を中核とする門徒の自治が実現、人々は**「百姓の持ちたる国」**と呼んだ。

こうした平等社会の出現に危機感を抱いた越前の朝倉氏や越後の長尾氏（上杉氏）は、たびたび一向門徒と争ったが、彼らはそうした干渉をはねのけ、なんと百年にわたって自治を続けたのである。

だが、武士を頂点とする社会を目指す織田信長は、徹底的に一向一揆と敵対した。

信長時代の本願寺法主は**顕如**《けんにょ》という人物だった。彼は摂津（現・大阪）の石山本願寺を拠点として全国の門徒の上に君臨しており、「この国の富を一身に集めている」という逸話が残るほど、強大な財力を持っていた。顕如は元亀元年（一五七〇）七月、全国の門徒に檄を飛ばして信長に対する徹底抗戦を呼びかけた。その結果、伊勢・長島、越前、加賀など未曽有の一向一揆が続発し、信長を大いに苦しめた。

とくに信長が閉口したのは、門徒がまったく死を恐れず、**「南無阿弥陀仏」**と念仏をとなえ、味方の死骸を踏み越えて立ち向かってくることだ。彼らは「織田軍の鉄砲に当たって死ねば、極楽往生できる」と信じていた。

戦国大名同士の戦いであれば、大将の首を取れば決着がつく。ところが門徒らは、最後の一人になっても抵抗をやめない。信仰の力はまさに恐ろしい武器だった。だから一揆を平定するためには、門徒を全滅させるほかない。

こうして信長は**「根切り」**と称する皆殺し作戦を実行せざるを得なくなったのだ。

こうして石山戦争や一向一揆の平定は長期戦となり、仕方なく信長は、朝廷に仲介を頼み、顕如が石山本願寺から退去しさえすれば、本願寺の末寺はそのままとし、布教も自由に許すというゆるい条件で講和し、十年間に及ぶ戦争を終結させたのである。

なお、加賀国については天正八年（一五八〇）四月、織田軍が拠点の金沢御坊を落とし、門徒のリーダー約三百人を磔にして「百姓の持ちたる国」を壊滅させた。

歴史にはイフはないが、**もし織田信長が現れなければ、ひょっとすると、我が国に民主主義的な平等宗教国家が誕生していたかもしれないのである。**

8

なぜ応仁の乱で荒廃した京都は復興できたのか？

……高度な自治を行なう町人や商人たち

◆天文法華の乱

被支配階層が団結によって惣村や寺内町をつくって生活の安全を図り、逃散や土一揆、一向一揆によって己の要求を貫徹した現実を紹介してきた。

じつは、商売やもの作りで生活している人々も、室町から戦国時代にかけて同じような状況をつくっていた。

たとえば京都である。応仁の乱で京都の中心部は戦場になり、大きな被害を受けた。それを復興させたのは、**町衆**と呼ばれる豊かな商工業者たちだった。市中には彼らが運営する**「町」**という自治組織が続々と誕生していった。地方の荘園における惣村と同じように、町衆は町掟（規則）をもうけて自検断（独自の裁判）を行ない、町の出入り口には木戸をつくって防御機能を高めた。

町は、さらにいくつか集まって**町組**となり、町組は町衆から選ばれた代表である月行事《がちぎょうじ》によって運営・統括されるという自治体制が京都に誕生した。

一五〇〇年には、約三十年ぶりに祇園会を開催、三十六基の山鉾《やまぼこ》が巡行して京都の再生を世間にアピールした。


ちなみに町衆の多くは日蓮（法華）宗の信者で、互いに信仰で深くつながっており、そうした彼らの団結を**法華一揆**と呼んだ。

天文元年（一五三二）には、一向宗（浄土真宗本願寺派）の拠点だった山科本願寺を焼き打ちし、京都から一向門徒たちを追い出している。

しかし天文五年、比叡山延暦寺の僧兵たちが戦国大名六角氏と結んで京都へ乱入、日蓮宗の寺院をことごとく焼き払い、法華一揆（町衆たち）を京都から追放してしまったのである。この**天文法華の乱**により、せっかく復興した京都の町は、応仁の乱のとき以上の広い範囲で延焼してしまった。

ただ、この事件から数年後、町衆（日蓮宗門徒）らは京都に舞い戻り、ふたたび町の自治を始めた。だが、**織田信長が足利義昭を奉じて上洛し、室町幕府を再興したことで、町衆たちの高度な自治は終わりを告げたのである。**

◆戦国大名並みの武力を抱えていた自治都市・堺

高度な自治を行なっていた都市としては、和泉国**堺**が有名である。この町は三十六人の会合衆《えごうしゅう》（豪商）の合議制によって運営されていた。

堺は古代からの要地で、良港に加え熊野街道が走り、京都にほど近いので中世に飛躍的な発展をとげた。室町時代には、幕府の実力者細川氏と結んだ堺の商人は、日明貿易で大いに稼ぎ、その後は琉球や東南アジアへも積極的に貿易船を出した。

フランシスコ・ザビエルなどは、

「堺は日本の最も富める港で、国内の金銀の大部分が集まるところだから、ここに商館（貿易センター）をつくるならポルトガルに大いなる利益をもたらすだろう」

と本国に書き送っている。

また、莫大な持参金を携えた堺の豪商の娘が京都の公家さんに嫁ぎ、逆に貧乏公家の子弟が多数、堺の豪商の養子となったという伝承もある。

このように室町時代から戦国時代の堺には、有り余る財力を有する豪商たちがゴロゴロ存在したのだ。彼らは、得た富を来世のために寺院に寄附をしたり、寺社を建てたりした。

また、**「大坂は食い倒れ、堺は建て倒れ」**という語が残るように、屋敷に金をかけて贅をこらした造りにした。

しかし、一番多く資本を投下したのは、町の防衛に関してであった。

ある外国人宣教師は、**「堺の街は東洋のベニス（ヴェネチア）のように濠や塀で守られた自治都市である」**と述べているが、豪商たちはその財力で町の周囲に深い堀をうがち、傭兵を雇って町の治安を確保したのである。

たとえば、堺の豪商である日比屋了慶《ひびやりょうけい》は、三百人の部下に海賊船を撃退させたといわれており、おそらく豪商たちは町全体で数千人の武力を抱えていたと思われる。これは強大な戦国大名に匹敵する数だ。同時に、近隣の戦国大名に金銭を提供し、用心棒のような役割をさせていたらしい。


そんな自由都市「堺」を破壊したのも織田信長だった。上洛して室町幕府を復活させた信長は、堺に対して二万貫の矢銭《やせん》（軍資金）の提供を求め、要求に従わなければ軍勢を派遣する構えを見せた。

堺の豪商にとっては、これくらいの金額は大金とは言えなかったし、信長の要求に応じることは、これまでの自治政治を放棄し、信長の軍門にくだることを意味した。しかし最終的にかなわないと判断し、堺は信長の直轄領となったのである。

9

一揆が頻発した背景にあるもの
……江戸時代の農民と武士、それぞれの団結

◆惣百姓一揆、全藩一揆……村を越えて広がる団結

江戸時代になっても、農村は基本的に自治が許された。幕府や藩は、土地を持つ本百姓から名主《みょうしゅ》（庄屋、肝煎《きもいり》）や組頭といった村役人を任じたが、一般の中下層村民（小前百姓）を代表する百姓代が選ばれ、名主や組頭の行動を監視した。

村役人は村法（村掟）に基づいて税の納入、法令の伝達、訴訟事務などの村政をになった。百姓からは石高に応じて村入用《むらにゅうよう》と呼ぶ経費が徴収され、肥料を採取する入会地、用水の管理、道路の整備、治安維持などが共同で行なわれた。

また、村がまとまって公権力に抵抗する行為（百姓一揆）もなくならなかった。幕府は人々が徒党を組んで行動することを厳禁したものの、分かっているだけで**江戸時代に三千件の百姓一揆が発生している。**

最初は、村を代表して村役人（名主など）が将軍や領主に直訴して事態の打開を図ろうと

する代表越訴《おっそ》型一揆が多かった。

それが江戸中期に入ると、本百姓が村ごとに結束し、近隣の村々と力を合わせ、領主に要求を飲ませる**惣百姓一揆**が主流となる。

この折り農民たちは、団結を約束する誓約書に名前を記し、印を捺した。これを連判状というが、ユニークなのが、誰が首謀者か分からぬように、円形に名前を連ねる**傘連判状**が多く残っていることだ。

これは責任の所在をあいまいにして罪を逃れるためであった。

ある意味、この傘連判状に日本人独特の気性が表れているように思う。「赤信号、皆で渡れば怖くない」精神とでもいえようか。

時には村々が広く連合して一揆が藩領全体に及ぶときもあり、これを**全藩一揆**という。信濃松本藩の**嘉助騒動**（一六八六年）、陸奥磐城平藩の**元文《げんぶん》一揆**（一七三八）が有名だ。

幕末になると、農民たちの中に幕政の改革や幕府打倒をスローガンに掲げて一揆を起こすケースが現れてくる。これを**世直し一揆**と呼ぶ。

ちなみにこの一揆は、明治の世に入ってからも続く。農民たちが、明治政府の新政に失望したためである。

また、八代将軍吉宗以降になると、江戸や大坂などの大都市で、**打ちこわし**が行なわれた。

凶作や飢饉で物価が上がり、生活が苦しくなると、貧しい町人が中心になって大規模な暴動を起こすのだ。多くの米屋や富商の屋敷が襲撃され、町は手の付けられない状態になる。

天明の打ちこわしのときには、江戸は数日間、無政府状態に陥り、江戸幕府に衝撃を与えるほどだった。以後、幕府は江戸市中の貧民対策に力を入れるようになった。

◆薩摩の郷中教育が二十年間たたき込む行動規範

下々の集団の力は為政者にとって、かくも恐ろしいものながら、一方で各藩は家中の結束は重視した。

薩摩藩は、**郷中**《ごじゅう》**（方限**《ほうぎり》**）**と称する近隣の少年が集団をつくって自治教育を行なった。

六〜十歳頃までを小稚児《こちご》、十一歳〜十五歳頃までを長稚児《おさ》、十五歳〜二十五歳頃（妻帯前）までを二才《にせ》と呼び、それぞれが同年齢集団で互いに研鑽し、小稚児集団は長稚児に、長稚児集団は二才に指導を仰いだ。

早朝、稚児は敬愛する二才の屋敷へ行き、四書五経などの素読などを学んだ後、路上や広場に集まって相撲やかけっこ、戦ごっこなどをして体を鍛える。

それが終わると小稚児は一堂に集められ、長稚児から今朝学んだことを反復させられる。できないと叱責されたり折檻を受けた。

昼からは仲間と楽しく遊ぶが、個人行動は許されなかった。その後、稚児は二才から二時間みっちり武術の訓練を受けた。

夕方以降、小稚児は一切の外出を禁じられたが、長稚児は二才のもとで武士としてのあり方を夜話というかたちで教え込まれ、夜八時頃にようやく日課を終えた。

郷中教育で重視されたのは、知識や技術の修得ではなかった。仲間同士の団結、長幼の序の遵守、命を捨てる覚悟、そして人間としての潔さであった。

こうした教育を二十年間受けることで、主君の命に絶対的に服従する剽悍《ひょうかん》な薩摩隼人が完成するのである。

◆「派切り」……会津藩の集団教育で最も厳しい処分

薩摩藩と並んで勇敢とされた会津でも、幼少期から集団教育が施された。

「一、年長者の言うことに背いてはなりませぬ。二、年長者にはお辞儀をしなければなりませぬ。三、虚言《うそ》を言うことはなりませぬ。四、卑怯な振る舞いをしてはなりませぬ。五、弱い者をいじめてはなりませぬ。六、戸外で物を食べてはなりませぬ。七、戸外で婦人と言葉を交えてはなりませぬ。ならぬことは、ならぬものです。」

これを**「什《じゅう》の掟」**と呼ぶ。

会津藩では、武士の子は六、七歳になると「什」と称する十名前後のグループに入り、毎日集まって遊ばなくてはならない。リーダーを什長と呼び、九歳の子がその任に就く。

什長は遊びを始めるにあたり、毎日仲間に向かって「什の掟」を読み上げる。このとき子供たちは、一条が読み終わるごとに、「はい！」と返事をして、丁寧にお辞儀をしなくてはならなかった。そのあと什長は、「昨日より今日まで、誰か掟に背いたものはあるか」と皆に問い、必ず反省会を行なった。

もし告訴されたり、違約を告白した者がいた場合、座敷の真ん中に呼び出し、什長が本人に問いただし、違反が明らかになった瞬間、皆で制裁手段を決める。

仲間内で判断できないときは、必ず十歳以上の男性に判断を仰ぎ、その決定に従った。

処分は、仲間全員に謝罪する「無念」、手のひらや甲を思い切りたたく「しっぺい」、手を火鉢の上にかざさせる「手あぶり」、雪の上に押し倒し、上から雪をかぶせる「雪埋め」といったものがあったが、最も重いのは**「派切り」**であった。つまりは絶交で、什の仲間から追放されてしまうのである。

この処分を受けたさいは、父兄が本人同伴で什の仲間たちのところへ行き、平身低頭謝罪して、その罪を許してもらうのである。

かくも厳しい行動規範があったため、会津藩士は、幼いときから常に「什の掟」を破らぬよう、内でも外でも、武士らしく行動する習慣が染みついたのである。

このように支配層の武士は武士で、仲間の和を尊び、団結を重んじる教育を受けたのである。

◆組織か個人か

以上、惣村のしくみ、農民たちの逃散や土一揆、一向一揆や京都や堺の自治を見てきた。

一言でいえば、「団結は力なり」という言葉に帰結するように思う。

組織の結束がなければ、領主や戦国大名と互角に渡り合ったり、対抗できなかったろう。それを知っていたからこそ、人々は「和」を乱す者に厳罰を下し、あるいは組織から排除したのである。そして武士の社会でも、それは同様だった。

いずれにせよ「和を貴び、団結を重んじる」という日本人の特性は、鎌倉時代末から室町時代に淵源があることが分かった。

この時期、中央政府（鎌倉幕府、建武政府、室町幕府）の力が弱くなり、武士による戦争があちこちで起こり、農民や商工業者たちは大きな被害を被るようになった。そしてそれは、次の戦国時代にいっそう悪化していく。

そうした中、民衆たちは自衛手段として「和を貴び、団結を重んじる」組織を立ち上げたのである。そして、その伝統は平和になった江戸時代を経て現代まで細々と続いているのだと思う。

いっぽうで、「和」や「団結」を重んじるあまり、個人の自由や主張が犠牲になったという負の面も、しっかり理解しておく必要があると思う。

蕨粉を盗んだ母子が処刑されたことで分かるように、どんなに個人が苦しい状況であっても、組織の利益が優先されたのである。

たとえば村法に背いて平和を乱した者には、村八分などの制裁が加えられた。他の村人との交際が一切絶たれ、何も協力してもらえなくなる罰だ。この人間の尊厳を踏みにじる制裁は、驚くべきことに近代、さらに戦後になっても続いた。

もちろん違法である。

明治四十四年九月に大審院（今でいえば最高裁のような司法組織）は、次のような判決を下している。

Aという者が商売で村の住人たちに損害を与えた。そこで村人たちはAを村八分にした。ところがCという者がAに同情的だった。するとBはCに対して「Aに同情し、その利益を保護するような者は、Aの仲間である。ゆえに住人たちはおまえとも交際しない」と通告した。そこでBは裁判に訴えた。

大審院は「一定の地域における住人が一定の制裁を以て団結し、その一部の人に対して絶交を宣言する行為は、その個人を社交団体の外に排斥し、その人格を蔑如する結果を来たし、人の社会価値たる名誉を毀損するものである」として、脅迫罪にあたるとしたのである。

にもかからず、同様の裁判は昭和三十年代まで地方で頻繁に行なわれた。いかに村八分という慣行が地方の共同体で根強かったかがよく分かるだろう。

現代の陰湿ないじめ問題、あるいは、会社のために社員を徹底的にこき使うブラック企業にまつわる問題なども、ひょっとしたら「和を貴び、団結を重んじる」という中世からの淵源に端を発しているのではないかと思えてくる。

5章　あっという間に欧米列強に追いついた理由

――高い教育力と、何でも飲み込む「漬物文化」

日本史の法則⑤

学ぶ意欲の強さとアレンジ力

二〇二〇年二月二十七日、安倍晋三首相は、新型コロナウイルスによる感染症の拡大に伴い、全国の小・中・高校に臨時休校を要請すると発表した。

青天の霹靂だった人も多いだろうが、この休校は、日本が教育後進国である現実を国民に知らしめる効果があったと思っている。三カ月以上経ってようやく学校が再開されたが、この間、いったい学校は子どもたちにどんな教育を行なっていたのだろうか。

外国の多くがオンライン授業へ速やかに移行したのに対し、公立学教ではＩＴ環境が整わないことを理由に、紙の課題を山のように出すだけで、児童や生徒を放置状態にしているところが大半だった（東京都世田谷区のような例外もあるが……）。

いっぽう大多数の大学では、五月の連休明けからオンライン授業が開始されることになった。ただ、これを知って大学の教員たちに絶望の声が広がった。大人数がオンデマンド配信やリアルタイム授業などやったことがなかったからだ。

結果、まともなオンライン授業ができず、単に資料を読んで課題を提出させるだけという情けない講義が散見された。かくいう私も、二つの大学でコマを持っているが、大学によって方針や使用するソフトが違うので、たった三コマの授業を毎週こなすだけで、準備に週三十時間もかかり、正直、心が折れそうになった。

いずれにせよコロナ禍は、我が国の情けない教育の現状を浮き彫りにしたのである。

さらにいえば、日本は先進国の中でもアメリカと並んで、最も教育に金をかけない国に成り下がっている。

マスコミで報道されたので記憶にある方もいると思うが、二〇二〇年四月、ある学生団体の調査で「大学生の十三人に一人が、コロナ禍で親や本人のアルバイト収入が減り、退学を考えている」との結果が出た。つまり、学生や親が多額のお金を負担しないと、大学に行けないのが日本の現実なのだ。もちろん奨学金を借りることもできるが、給付型はきわめて少なく、私立大学（文系）へ行こうものなら、卒業したとたん五百万円近くの借金を背負うはめになる。

このように、我が国の教育はまことにお寒い現状なのである。

しかも教員の仕事は多忙となり、ブラック企業化した学校に勤めたいと思う若者は減り続けている。結果、教員採用倍率は大きく低下し、教員の質も落ちている。そうしたこともあって、国際的な教育調査では、日本の子どもたちの学力順位は年々低下する傾向にある。

資源に乏しい小さな島国が、なぜ短期間で経済大国に成り上がることができたのか。

それはやはり、教育力の高さにあったのではないかと私は考えている。大正時代以降、高度で均質な教育により、日本人全体の知的水準が格段に上がった。だからこそ日本人労働者は、戦後、進んだ技術を難なく吸収し、さらなる改良や工夫をこらし、世界に冠たる高品質な商品を生み出すことができたのだ。

メイド・イン・ジャパンは、かつて世界の人々の憧れだった。ところが今はどうだろう。かつての栄光は、メイド・イン・チャイナに取って代わられ、日本企業の国際競争力は見る影もない。

今回のコロナ禍は、その現実もまざまざと見せつけてくれた。ハンコを押すために出勤する社員、ＷＥＢ会議ができない役員など、ＩＴ化が進んでいない実態が明らかになってしまった。

テレワークが叫ばれながら、実際は三割ぐらいしか進んでいない民間企業。

でもさらに笑ってしまうのが、そのテレワークを推奨する官公庁や自治体が最もテレワークができていないことだ。ゆえに声を大にして言いたいのは、これからの日本の浮沈は、教育の力にかかっているということである。

そこで今回は、教育力をテーマに日本の歴史を見ていこうと思う。

1 なぜ古代からアレンジが得意なのか？

……律令制、宗教、農業、茶の湯

◆積極的に入れるが、そのままは入れない

古代の日本に絶大な影響力を与えてきたのは、中国であった。法律や社会制度、宗教や文学、服装や食べ物などありとあらゆるものが大陸から持ち込まれてきた。というより、政府（朝廷）は遣隋使や遣唐使を派遣して積極的に中国文化を取り入れてきた。

ただ、面白いのは、それを全くそのまま用いたわけではないことだ。

たとえば、律令制度がそうだろう。日本では七世紀半ばから、中央に権力を集中させ、法律によって国家を統治しようと律令制度が導入されていく。もちろん隋や唐の律令を模倣したわけだが、**天皇（皇帝）に関する条文がなかったり、政治を統轄する太政官と祭祀を司る神祇官を明確に分類したのも我が国の特徴だ。**

平安時代に人々を官僚（官人）に登用する**科挙**（試験制度）が導入されたものの、一般人が貴族まで栄達した事例はほとんどなかった。むしろ**「蔭位《おんい》の制」**といって、祖父や父が

位の高い貴族である場合、自動的に子や孫に位階を与えるなど世襲制を重視した。また、中国では去勢された役人**「宦官」**が王宮に仕えて大きな力をふるい、朝鮮やベトナムでもこの制度を導入したが、日本では行なわなかった。

宗教についても、六世紀前半に仏教が入ってくるが、やがて日本古来の神道と融合してしまう。寺院に鳥居があったり、神社に仏像が置かれたりと両者の区別はあいまいになり、神は仏の化身であるといった**「本地垂迹説《ほんじすいじゃくせつ》」**なども唱えられるようになった。

こうした神仏習合は、昔から日本人が宗教に寛容だという特性を示しているのだろう。仏教の戒律についても、本音と建て前を分けてけっこうゆるく、中世には**女犯の禁**を守らない僧も少なくなかったし、浄土真宗では僧の妻帯も認めた。また、別項で述べたように女性はそのまま往生できないとされていたのを、**蓮如《れんにょ》**は女性の往生を断言した。

仮名文字もそうだろう。もともとは中国の漢字を独自にくずして「ひらがな」や「カタカナ」をつくりあげ、日本語として自在に使いこなしている。

◆農業、お茶に見る日本式進化

さらに農業についても同じ事がいえる。応永二十七年（一四二〇）に日本を訪れた朝鮮人の宋希璟は、「日本の農家は、秋に水田を耕して大小麦を種《ま》き、明年初夏に大小麦を刈りて苗種を種き、秋初に稲を刈りて木麦を種き、冬初に木麦を刈りて大小麦を種く。一水田に一年三たび種く」（宋希璟著・村井章介校注『老松堂日本行録』岩波文庫）という感想を漏らしている。一つの土地で麦、稲、蕎麦と、作物を年に三回収穫する三毛作に驚いているのだ。

周知のように稲作は縄文晩期に朝鮮半島から導入され、次第に田畑の開拓が進んでいった。ただ狭い日本ゆえ、平安時代になると大規模な開墾は終わりを告げた。

すると鎌倉時代から一定面積で多収穫を目指す集約的な方向へ転換していくのである。刈敷《かりしき》と草木灰という肥料が用いられ、鋤《くわ》や鍬《すき》、鎌や犂《からすき》など鉄製の農具や牛馬を農業に使用。その結果、宋希璟が来日した室町時代には、稲の品種改良も進み、早稲《わせ》、中稲《なかて》、晩稲《おくて》など時期をずらして栽培することが可能になった。

大規模な用水路、溜池などの灌漑施設もいっそう整備され、投げつるべや水車、中国伝来とされる竜骨車など揚水具の使用も開始された。また肥料として人糞尿（下肥）の使用が始まった。**その結果、畿内では、中国や朝鮮でも見られない三毛作も行なわれるようになったのである。**

さて、嗜好品としてお茶があるが、喫茶の風習を初めて日本に本格的に導入したのは、臨済宗を開いた鎌倉時代の**栄西**である。宋に渡った栄西は真夏に行脚していたとき、暑さで倒れそうになるが、茶を服用したところ気分が爽快になった。そこで茶に興味を持って研究し、帰国のさいは茶種を持って出国したのだ。帰国後、肥前国背振山に茶種を植え、この地で栽培された茶種が畿内から関東まで広く伝わっていったという。

さらに栄西は、茶に関する効能書『喫茶養生記』を著し、鎌倉幕府の三代将軍源実朝に贈呈した。同書には「中国では茶は養生の仙薬であり延命の妙術だといい、お茶は我が国の医学に新風を吹き込む」とあり、さらに「茶の苦みは、五臓六腑のなかで最も大切な心臓に劇的に効く。心臓が健康なら、すべての臓器は機能するわけだから、茶はまさに万能薬なのだ」と強調している。

このように健康飲料として日本に入ってきた茶は、その後、室町時代になると、武野紹鴎《じょうおう》、村田珠光《じゅこう》、そして**千利休**らによって**茶の湯**という独特の芸術まで発展していき、江戸時代以降、茶道として日本文化の中心をになうようになっていく。

以上見てきた通り、日本では海外からもたらされたものを、自国にあったものにアレンジし、さらに進化・発展させていったことがわかるだろう。

これはある意味、漬物と似ている。日本というぬか床に入れることによって、どんなものでもまろやかな和風に変えてしまう。**「漬物文化」**の伝統と呼んでいいかもしれない。

2

信長に見る、海外への強烈な好奇心
……宣教師が驚いた「質問攻め」

◆インドやポルトガルでの評判を知りたがった信長

江戸時代に日本を訪れた外国人の多くは、日本人の知的好奇心の高さを指摘している。興味・関心を持つこと、知りたいと思うこと、それこそが学びや教育の原点であり、だからこそ、江戸時代に教育水準が高まったのではないか。

ただ、それは江戸時代に始まったことではなく、戦国時代からすでにそうした特性があるのではないかと考えている。

それを教えてくれるのは、織田信長について記した宣教師の記録である。

信長がキリスト教の宣教師と接触したのは、永禄十二年（一五六九）三月のことである。信長の家臣でキリスト教に理解を示す和田惟政の仲介によって、**ルイス・フロイス**が京都の信長のもとを訪れた。

ところが信長は警戒してフロイスに会わず、大勢の家臣たちの間に隠れてフロイスの様子を観察し、孔雀の羽、黒いビロードの帽子、ベンガル産の藤杖の三つの献上品のうち、帽子だけを受け取って残り二つは返還した。

その後も信長は気に入ったものしか受け取らなかった。たとえば精巧な目覚まし時計に強い興味を示したので、フロイスはそれをたびたび献上したいと申し出たが、信長は、

「予の手元では動かし続けることはむつかしく、駄目になってしまうだろうから、頂戴しない」

と述べたという。合理的な考え方の持ち主である。

翌月、信長は二条城の建設現場でフロイスと会っている。

信長はフロイスがやって来たのを遠くから確認すると、彼を近くに招き、橋の上の板に腰掛け、「陽があたるから（帽子を）かぶるように」と言い、「約二時間、ゆったりした気分で留まって彼と語らった」のである。

信長は、

「ただちに質問した。年齢は幾つか。ポルトガルとインドから日本に来てどれくらいになるか。どれだけの期間勉強したか。親族はポルトガルでふたたび汝と会いたく思っているかどうか。ヨーロッパやインドから年間書簡を受け取るか。どれくらいの道のりがあるの

か。日本に留まっているつもりかどうか」と。そしてさらに「いかなる動機から、かくも遠隔の国から日本に渡って来たのかと訊ねた」

（ルイス・フロイス著、松田毅一・川崎桃太訳『完訳フロイス 日本史〈5〉』中公文庫）

このやりとりから、信長の好奇心の旺盛さがよく分かるだろう。それに対してフロイスが布教のためであると、その決意を熱心に語ると、信長は大いに喜んだが、すぐには布教の許可を出さなかった。

そこで豊かなキリシタンたちが和田惟政と相談して銀の延べ棒を十本用意し、フロイスからの贈り物だと述べ、布教の許可をもらおうとした。

対して信長は惟政に、

「予には金も銀も必要ではない。伴天連は異国人であり、もし予が、彼から教会にいることを許可する允許状《いんきょじょう》のために金銭の贈与を受けるならば、予の品位は失墜するであろう」、「汝は予がそのように粗野で非人情に伴天連を遇すれば、インドや彼の出身地の諸国で予の名がよく聞こえると思うか」（前掲書）

と述べ、無償で布教の許可状を与えたのである。

このように**信長は、自分の評判がインドやポルトガルでどのように伝わるかまで考慮し**

ていたのだ。つまり日本だけでなく、世界を意識して行動していたことが分かる。

◆ポルトガルの企みを見抜いていた？

さらにフロイスは、信長と宣教師オルガンティーノの逸話を紹介している。

「信長はわざわざ我らの掟の話を聞き、それについて議論し、かねて抱いていた疑問を質そうとオルガンティーノ師とロレンソ修道士を多くの武将の前に呼び、外にいる者にも聞けるように彼らがいた広間の戸を開けさせた。彼は以前に見たことがある地球儀をふたたびそこへ持ってこさせ、それについて多くの質問をし反論した。最後に、司祭と修道士が一同の前で答えたことにつねに満足の意を表し、伴天連たちの知識が仏僧らのそれと大いに異なっていると述べた」、

「終わりに信長は、司祭がヨーロッパから日本に来るのに、どのような旅をしたかを地球儀によって示すことを希望した。彼はそれを見聞した後、手をたたいて感心し、驚嘆の色を見せ、かくも不安全で危険に満ちた旅をあえてするからには、彼らは偉大な勇気と強固な心の持主に相違ないと言い、司祭と修道士に向かい、笑いながら、貴公らはかくも危険を冒し、遠く長い海を渡って来たからには、その説くことは重大事に違いない、と語った」

（前掲書）

このように信長は、家臣にも地球は丸いということ、世界は広いということを外国人宣教師の説明を通じて理解させようとしていたのだ。

さらに、ポルトガル人たちが命がけの布教によって日本人の多くをキリシタンにしたうえで、やがて植民地にしてしまうことも見抜いていたのではないかと思われる。

なぜなら、信長はオルガンティーノの言葉を聞いた後、

「司祭と修道士に向かい、笑いながら、貴公らはかくも危険を冒し、遠く長い海を渡って来たからには、その説くことは重大事に違いない」

と述べた。そしてロレンソは信長に対し、

「殿が仰せられるとおりで、我ら（すなわちヨーロッパ人イエズス会員）は盗人である。我らは他のいかなる理由からでもなく、ただ日本人の霊魂と心を人類の残酷な教えである悪魔から奪い、その造り主の御手と天国に返すためにははるばる遠隔の地からやってきたのである」（前掲書）

と、領土的侵略を否定するような弁解めいた答弁をしているからだ。

このように織田信長という人はきわめて好奇心が強く、聡明な人間だったことがよく分かるだろう。

3

ペリーが見た「異常な好奇心」と教育熱

……鎖国でかきたてられた「知りたがり」

◆オランダ人医師、さすがに閉口

さて、前項では織田信長の知的好奇心の高さを紹介したが、江戸時代になると幕末までの約二百年間、日本人は海外へ出ることを厳しく禁じられてきた。さらに開国した後も、幕府はなるべく人々が外国人と接触しないようにした。だが、こうした制限が、日本人をして海外の事象について、異常なほどの興味をかき立てることになったようだ。

江戸時代中期の安永四年（一七七五）、オランダ商館付医師として日本を訪れたC・P・ツュンベリーは、

「この国民の好奇心の強さは、他の多くの民族と同様に旺盛である。彼らはヨーロッパ人が持ってきた物ならなんでも、じっくりと熟視する。そしてあらゆる事柄について知りたがり、オランダ人に尋ねる。それはしばしば苦痛を覚えるほどである」

（C・P・ツュンベリー著、高橋文訳『江戸参府随行記』東洋文庫）

と記している。翌年、C・P・ツュンベリーは、オランダ商館長にしたがって長崎の出島から江戸へ参府したが、途中、日本人から質問攻めにあって閉口している。

それは西洋人に限ったことではなかった。朝鮮では、将軍が代わるごとに日本に通信使を派遣してきたが、享保四年（一七一九）に通信使の一員として来日した申維翰《しんいかん》も同様であった。申のもとには江戸への往復の道中、文人たちが殺到し、自分のつくった詩の添削を請うたり、申の詩を欲しがったりで、大変な状況になっている。申は、

「各站（駅）で詩を求める者がさらに劇しい。途中あるいは轎を停めて応ずることもあったが、（略）浜松の館にいたっては、履物が戸外にまで満ち、これに応じて一隊がようやく退けば、乞う者また一隊をなして来る。目を閉じることもできず、ついに夜を明かしてしまった」（申維翰著、姜在彦訳『海游録』東洋文庫）

と嘆いている。いかに江戸時代の人々が外国人との接触を求めたかが、よく分かるだろう。

◆士官の服をつぶさに検査

ちなみにペリーの黒船艦隊が来航したさい、

「太平の眠りを覚ます上喜撰 たった四はいで 夜も寝られず」

という狂歌が残っているように、人々は驚き恐怖におびえて震えていたイメージが強い。

もちろん、戦争を恐れて避難した人もいるかもしれないが、多くの庶民は日常の暮らしを続けていたし、興味を抑えきれず、ペリーの黒船を見物するため海辺へ押しかけた人々も多数いたことがわかっている。黒船がよく見える浜辺の茶屋は満員状態だったそうだ。

さらに驚くべきは、みずから小舟に乗って黒船に近づき、自分が作った野菜と外国人が所持している品物の物々交換を申し出る強者たちがいたことだ。とくに彼らに人気だったのが、偉人が服につけている金ボタンだったという。

こうした日本人について、ペリー側は次のような記録を残している。

「日本人は何時でも、異常な好奇心を示した。…（略）…彼等は、彼等にとって驚くべき程不思議に見えるあらゆる物を、極めて詳細に検査する事だけに満足しないで、士官や水兵につきまとひ、あらゆる機会を捕へては衣服の各部分を検査したのである」

（『ペルリ提督 日本遠征記（三）』土屋喬雄、玉城肇訳 岩波文庫）

こうした「何でも知りたい」という高い好奇心が、江戸時代の教育熱を生んだ一因になったのは間違いないだろう。ただ、それに加えて私は、日本人が高いスキルを持つ人々に対し、強い尊敬の念を抱いたことも、教育水準を高める要因になったのではないかと考えている。それについて次項で詳しく述べていく。

4

どんなものにも「天下一」
……一芸に秀でた人々を尊ぶ気風

◆千利休と古田織部

朝鮮出兵のさい、捕虜として日本に連行された姜沆《きょうこう》は朝鮮の儒者で官僚だった。そんな彼が日本のユニークな風習を次のように紹介している。

「倭〈の風〉俗では、あらゆる事がらや技術について、必ずある人を表立てて天下一とします。ひとたび天下一の手を経れば、〈それが〉甚だしく粗雑で、甚だしくつまらない物であっても、必ずたくさんの金銀でこれを高く買い入れ、天下一の手を経なければ、甚だ精妙〈な物〉であっても、ものの数ではありません」

（姜沆著、朴鐘鳴訳注『看羊録　朝鮮儒者の日本抑留記』東洋文庫440　平凡社）

戦国時代は、どんなつまらない技術でも「天下一」と認定する風潮が起こった。しかも、天下一と認定された人が良いと鑑定した品物が高価になった。

たとえば侘茶を大成した千利休は「天下一の茶匠」と尊ばれ、彼が褒めた茶器は千金に値したとされる。利休が秀吉から切腹を命じられた罪状の一つに、価値もないガラクタ茶器を法外な値で売ったことがあげられている。ちなみに姜沆が日本にいたときの「茶の天下一」は利休の高弟、**古田織部**だった。姜沆は次のように記している。

「古田織部なる者がいて、ことごとに天下一を称しております。花や竹を植えつけたり、茶室をしつらえたりすれば、必ず黄金百錠を支払って〔彼に〕一度鑑定を求めます。炭を盛る破れ瓢、水汲み用の木桶でも、もし織部がほめたとなれば、もうその値は論じるところではありません」（前掲書）

天下一の風習を広めたのは織田信長だった。独断ではなく、その道の専門家を集め評議させたうえで決定した。姜沆は、日本の為政者が「勇力のある者、剣を学んだ者、砲を放つ者、弓を引く者、水泳をよくする者、軍法に通暁している者、早く走れる者〔というふうに〕少しでも一芸一能のある者は、ひとしく招き集めておきます」（前掲書）と述べている。この時期から日本人は、一芸に秀でた者を尊ぶ気風があり、だからこそ、**多くの人々が一芸に秀でた者から学び、己も一芸に秀でようと、学習熱が高まったのだと考えられる。**

5

なぜ「教育爆発」は江戸時代に起こったのか

……現代の学校よりも「オーダーメイド」だった寺子屋

◆読めないと不利……江戸幕府の文書主義

十八世紀の後半になると、江戸時代の日本では**「教育爆発」**と研究者たちが呼ぶ現象が起こる。

日本人の教育熱がにわかに高まり、多くの庶民が率先して**寺子屋**という初等教育機関で学び、結果として読み書きができるようになっていくのだ。あくまで推計であるが、この時期に日本人の識字率は三〇%を超えていたのではないかとする説もある。

教育爆発が起こった理由の一つは、江戸幕府の文書主義にあるとされる。**幕府は規則や命令などをすべて文書で通達し、あるいは高札に書いて掲示したので、文字が読めないと不利になるのである。**

また、出版文化が発達して読書の要求が高まったからとする説がある。

寺子屋へは六、七歳になると入学し、ある程度、読み書きができるようになると退学した。

十九世紀の江戸市中に限って言えば、七〇%以上の子供が通っていたと推定されており、同じ時期のイギリスのロンドン、フランスのパリなどと比較しても、はるかに高い就学率だった。

寺子屋の数だが、近年は全国に五万以上はあったと考えられている。規模は違うが、現在の小学校の倍以上の数だ。授業は、素読といって一斉に本を読む学習もあったが、多くは習熟度別の個別学習の形態をとった。つまり、寺子屋の師匠がそれぞれの子どもたちに適した教材や教科書を選んで学ばせたのである。

教育現場では、体罰らしい体罰はなかった。読み棒で頭をはたかれたり、「棒満」といって火のついた線香を持たせ、それが消えるまで立たされたり、正座させられたりする罰があった程度だ。イギリスのように先生が鞭を持ち、血が出るほど子どもを叩くようなやり方はしなかった。

これは、親の教育も同様だった。江戸時代初期のオランダ商館長であったカロンは、「彼らは子供を注意深くまた柔和に養育する。たとえ終夜喧しく泣いたり叫んだりしても、打擲することはない。子供の理解力はまだ発達していない。理解力は習慣と年齢によって生ずるものなるを以て、柔和と良教育とを以て誘導せねばならぬというのが彼らの解釈である」(フランソア・カロン著、幸田成友訳『日本大王国志』東洋文庫)

と述べている。

また、先に紹介したC・P・ツュンベリーも、

「注目すべきことに、この国ではどこでも子供をむち打つことはほとんどない。子供に対する禁止や不平の言葉は滅多に聞かれないし、家庭でも船でも子供を打つ、叩く、殴るといったことはほとんどなかった」

と、子どもに対する大人たちのおおらかさに感動している。

「日本の国民教育については、全体として一国民と比較すれば、日本人は天下を通じて最も教育の進んだ国民である。日本には読み書きの出来ない人間や、祖国の法律を知らない人間は一人もゐない」（ゴロヴニン著、井上満訳『日本幽囚記』岩波文庫）

これはゴロヴニンの言葉である。彼はロシアの軍人で、文化八年（一八一一）に国後島《くなしり》を測量しているとき江戸幕府の役人に捕まり、その間の獄中体験をのちに『日本幽囚記』として出版した。

同じく幕末に来日したイギリス公使・オールコックも、

「日本では、教育はおそらくヨーロッパの大半の国々が自慢できる以上に、よくゆきわたっている」（オールコック著、山口光朔訳『大君の都 幕末日本滞在記 下』岩波文庫）

と、同様の感想を書き記している。

6　幕末の外国人が記した「中国人との違い」

……「機敏」「素早い」が支えた近代化

◆認めたら即、採用

今から五十年前の高度経済成長期、「日本人には独創性がなく、日本企業は自分たちの真似ばかりしている」と欧米から批判を受けたことがあった。

実際、最新の自動車やテレビなど家電製品を開発するのは欧米の企業だが、日本人はそれをたちまち真似て安い値段で販売してしまう。結果、欧米の企業がシェアを奪われていった。

逆に言うと、模倣することで、日本企業は成長してきたといえるのである。

じつはこうした日本人の特性は、江戸時代から続いてきたものなのである。

プラント・ハンターとして幕末に来日したロバート・フォーチュン（イギリス人）は、「日本の人びとが自国の進歩に有用なことが判ると、外国の方式を敏速に採り入れるという例証があった。私はすでにこの模倣について、日本人とシナ人との間に存在する、いちじるしい相違の原因を述べたことがある。シナでは「古い習慣」が、あらゆる外国品輸入の防壁となるが、日本人は先進文明を示されると、機敏に採用する」

（三宅馨訳『幕末日本探訪記』講談社学術文庫）

と、述べている。

フォーチュンはまた、アメリカ公使ハリスから聞いた次のような話を紹介している。

日本では馬の足にわらじを履かせていたが、ハリスが江戸に駐在するようになったとき、幕府の役人がやって来てハリスの愛馬を借りたいと申し出た。

そこでハリスが快く貸してやり、その目的も尋ねることをしなかったが、数日後、その役人は「じつは大老井伊直弼の命令で馬の蹄鉄を調べたのだ」と告白した。

その後、井伊は馬に蹄鉄をつけるようになり、他の役人の馬にも一気にそれが広がっていったという。

このように幕末の日本人は、それが良いものだとわかれば、すぐに採用したのだ。

◆オールコックが見抜いた特性

五年間、中国に滞在した経験を持つ駐日イギリス公使・オールコックも、

「日本人は中国人のような愚かなうぬぼれはあまりもっていないから、もちろん外国製品の模倣をしたり、それからヒントをえたりすることだろう。中国人はそのうぬぼれゆえに、外国製品の優秀さを無視したり、否定したりしようとする。逆に日本人は、どういう点で外国製品がすぐれているか、どうすれば自分たちもりっぱな品をつくり出すことができるか、ということを見いだすのに熱心であるし、また素早い」

（オールコック著・山口光朔訳『大君の都 幕末日本滞在記 下』岩波文庫）

と、日本人の特性をはっきり見抜いている。

素直に良いものは良いと認め、これを模倣する努力、それが日本人をいち早く文明国へと押し上げたことがわかるだろう。

さらにオールコックは、

「もし日本の支配者の政策がより自由な通商貿易を許し、日本人をしてバーミンガムやシェフィールドやマンチェスターなどと競争させるようになれば、日本人もそれらにひけを

とらず、シェフィールドに迫る刀剣や刃物類をつくり出し、世界の市場でマクリスフィールド（マンチェスター近郊の地で、絹製品の産地）やリヨンと太刀打ちできるだけの絹製品や縮緬《ちりめん》製品を産出するだろう、とわたしは信じている。そのさいに、原料と労働力の安価なことは、生来の器用さや技術と相まって、機械の差をおぎなうことであろう」と述べている。

なんと、日本を脅して開国させたアメリカのペリーも、次のような感想を漏らしている。

「日本人が一度文明世界の過去及び現在の技能を所有したならば、強力な競争者として、将来の機械工業の成功を目指す競争に加わるだろう」

（『ペルリ提督 日本遠征記（四）』土屋喬雄・玉城肇訳 岩波文庫）

日本が開国して欧米の先進技術を獲得したら、アメリカの強力なライバルになるだろうと断言しているのである。

このように幕末に来日した外国人たちは、日本が他のアジア諸国とは異なり、その技術力や模倣力をもってすれば、欧米と引けを取らない国になると感じていたのである。

7 なぜ、あっという間に模倣できたのか？

……江戸時代の日本人の技術力

◆たった一年で蒸気機関車を製作

ペリーは四隻の艦隊で日本に来航し、米国大統領の国書を強引に受け取らせ、幕府に対して開国を求めた。

困った幕閣が翌年の返答を約束すると、いったん日本を去ったが、翌年の正月早々に七隻の軍艦で再来。幕府は仕方なくペリーと**日米和親条約**を結んで開国したのである。

このときペリーは幕府にプレゼントを贈っている。武器、電信機、そして幕府の役人たちを驚かせたのが蒸気機関車の四分の一の模型であった。模型といっても、実際に石炭を焚いて走る精巧なものだった。ペリーは文明の利器を贈ることで、西洋文明の偉大さを日本人に認識させようとしたのである。

ただ、驚くべきことに、**それからわずか一年後、佐賀藩が独力で蒸気機関車の製作に成**

功しているのである。

ペリーとほぼ同時期に、長崎にロシアの**プチャーチン**が来訪、日本に開国を求めた。この折、やはり軍艦に汽車を積んでおり、武士たちに一般公開したのである。佐賀藩の学者たちがこのとき実物を見て、書籍を参考にして独力で造り上げてしまったのだ。

製作の中心人物は、**田中久重**であった。元は久留米藩のカラクリ人形師で、カラクリ職人には飽き足らず、大坂や京都に出て懐中燭台（携帯燭台）、無尽灯（圧縮空気で油を自動補給する灯）、十メートル以上も水がとぶ消火器などを作製した。

とくに世間を驚かせたのが、嘉永五年（一八五二）に完成させた万年自鳴鐘であった。西洋時計や和時計、天球儀などいくつもの機能を兼ね備えた機器で、一度ゼンマイを巻くと四百日は正確に動き続けるという信じがたいシロモノだった。ほかの職人には真似できない精密機器であった。

さらに久重は、造作もなく木造の蒸気船をつくり、それを水に浮かべて動かしてみせた。この才能に目をつけたのが佐賀藩主鍋島直正であり、彼は久重を藩士として佐賀に招聘したのである。

久重は、水を得た魚のように蒸気機関車のひな形、電信機、反射炉、アームストロング砲、日本で初めての実用に足る蒸気船「凌風丸」などを製造していった。

とくに興味深いのは蒸気機関砲だ。残念ながら実物は残っていないが、当時の記録によると、砲車の上に蒸気機関を備え付け、蒸気の力によって続けざまに砲弾を発射する武器だという。しかも砲身は上下左右、自在に動き、三十メートルの距離から二・五センチの板を貫く威力があったといわれる。

このように、文明が遅れているどころか、いとも簡単に西洋の乗り物や武器を模倣できる力が幕末の日本人にはあったのである。

◆百八十年たっても錆びない望遠鏡

すでにそれ以前から驚くような発明をした日本人は少なくない。

平賀源内がエレキテルの復元、燃えない布（火浣布）、寒暖計（タルモメイトル）、量程器（今の万歩計）、磁針器（方角を測る器具）などをつくったのは有名だが、**世界で最初に自転車をつくったのも日本人なのだ。**

一般的には自転車は、一八一七年にドイツ人のドライスが発明したと言われているが、現在のようにペダルで漕いで進むものではなく、足で蹴って進む仕組みだった。しかし、なんとそれより八十年も前、彦根藩士の平石久平次によってペダルで漕ぐ自転車（三輪車）が発明されていたのだ。

陸舟奔車《りくしゅうほんしゃ》と名付けられたもので、「新製陸舟奔車之記」（彦根市立図書館蔵）という設計図が残っている。それをもとに復元もされているが、これを一見すると船のようだが、確かに前輪一つに後輪が二つ付いている。

残念ながら道路は舗装されていないこともあり、日本では普及しなかったが、源内と異なり、日本独自の発明であった。

江戸時代、飛行機の設計図を書いた人物も存在する。それが**国友一貫斎**である。「阿鼻機流」と名付けられた飛行機は、木馬のようなものにまたがり、ペダルをこいで大きな羽や尾を動かし飛行する構造になっている。

残念ながら航空力学上、飛ぶことはできないそうだが、この一貫斎は大空や宇宙に強い興味を抱いていた。彼は鉄砲職人だったが、オランダ製の空気銃を知ると、これを改良して二十連発式の銃をつくったり、今でいう筆ペン「懐中筆」、空気圧で自動的に補油される灯り「ねずみ短檠」などを発明した。

晩年はオランダ製の反射天体望遠鏡の製作に励み、五十六歳の天保四年（一八三三）、日本で初めてそれを完成させた。

一貫斎は望遠鏡の精度を上げるため、月や太陽、土星などの天体観測を行なった。月面クレーターを細かく描き上げ、天保六年には百五十八日間続けて太陽の黒点を観測。「我が国での黒点観測ではこのような長期間にわたる記録は他に例がない」（中村士著「日本の天文学と一貫斎」『江戸時代の科学技術―国友一貫斎から広がる世界』所収）という。

また、土星を観測したさい、タイタンなど衛星をスケッチしているが、「江戸時代にタイタンを見たという記録は、一貫斎のもの以外日本では知られていない」（前掲書）そうだ。結果、彼が製作した天体望遠鏡の性能は、はるかにオランダ製のそれを凌ぐようになった。

現在、一貫斎の望遠鏡は四台現存するが、なんと、青銅（銅と錫の合金）製の主鏡は、百八十年経った今も錆びておらず輝いている。劣化しない銅と錫の配分をどうやって知ったかはいまだに謎とされている。

また、二〇一九年に国立天文台に依頼して主鏡を調査してもらったところ、主鏡の「ゆがみ」度は、現在のそれと比較しても遜色がないことが判明した。まさに驚嘆すべき技術力だといえよう。

江戸時代、このようにすぐれた科学力を有する技術者や発明家がいたのである。

◆近代化の立役者は明治政府ではない

1章で述べたように、日本は島国なので、外国人や外国の情報がめったに入ってこない。

だからこそ、日本の為政者たちは貪欲に、進んだ中国の文明を吸収しようとしたのだろう。

しかしながら、日本人はずっと同質性の高い暮らしをしてきたから、異国の文化をそのまま模倣するのはなじまない。

そこで自国に適合するよう改良や工夫をして用いてきた。まるで、ぬか床に食べ物を漬け込むようにすべてを和風にしてしまうわけだ。そういった意味では、先述のとおり**「漬物文化」**と呼んでいいのかもしれない。

また庶民も、国土が外国と海を隔てていることから、海外の文物について異常なほどの好奇心を示した。そこに、一芸に秀でる人々を重んじる文化が重なり、幕府の文書主義とあいまって江戸時代に教育爆発が起こったのである。

鎖国していた日本であったが、知識人たちはときおりやってくるオランダ人や朝鮮人から必死に進んだ科学技術や文明を学び、長崎を通じて入ってくる西洋の書籍をむさぼるように研究した。結果、幕末には来日した外国人を驚かせるほどの教育力と知的水準を保持するようになっていたのである。

明治政府が日本を近代化させたという言説があるが、あれは嘘である。

いま述べたように、すでにその素地は整っていた。だからこそ明治維新からわずか数十年の間で、日本は列強諸国と肩を並べるくらいになり、戦後は経済大国へと成り上がることができたのである。

だが、冒頭で述べたように国家の教育軽視による学力格差、ＩＴ化の遅れ、学校のブラック企業化など、日本の教育にはいくつも大きな問題があり、それが日本の教育力を低下させているという面がある。

でも、一番大きな問題は、国民自身にあるのではないかと思う。

今も多くの人は、過去の栄光にすがっていつまでも日本が先進国であるかのように勘違いし、最先端の技術や仕組みを知ろうとしない。若者も内向きになり、留学する数は年々減ってしまっている。かつて日本人が持っていた、異常なほどの好奇心は見る影もなく、全体として世界に対する興味・関心を失いつつあるように見える。

たとえお金がなくても、大学に行けなくても、無料の講座はいくらでもあるし、インターネットでいくらでも最先端の論文を読むことはできる。

一番問題なのは、日本人から失われつつある「学ぼうとする意欲」を取り戻すことだと思う。「異常な好奇心」と評された先人たちは痛烈な警鐘を鳴らし、激励を送ってくれているのではないだろうか。

歴史をさかのぼってみて、改めてそんなことを考えさせられた次第である。

おわりに

歴史とは繰り返すものであり、我が国には特有の法則、パターンがあることを改めて知っていただけたと思う。法則を学ぶことで、歴史はよりいっそう理解しやすくなるはずだ。

これらの原理は、これからも日本人を強く規定していくことだろう。今回、とりわけ日本史に特徴的な五つの法則を詳述したが、私はこれ以外にも原理が存在すると思っている。

その一つが「名誉を重んじ恥を嫌う」だ。己の名誉を汚され、辱めを受けるくらいなら死を選ぶという事件が過去に散見される。忠臣蔵のモデル・赤穂事件はその典型だろう。

また、戦国時代以降に来日した外国人が口をそろえて言うのは、貧しさを恥とは思わない心性、つまり「清貧を好み、金儲けを賤しむ」傾向が強いことである。

「恩」にこだわるのも独特だ。御恩と奉公で成り立つ武家政権が続いたせいか、他人の親切をいつまでも忘れず、いつか返そうとする。逆に言えば、恩を受けると負担になるので、なるべく受けないように暮らしているのが日本人である。

このほか「水に流す」、「約束を守る」、「性的におおらか」なども、日本史を貫く原理だと考えている。興味を持った方は、ぜひこうしたキーワードを手がかりに日本史を見ていただきたい。きっと新たな発見があるはずだ。

河合　敦

青春新書
INTELLIGENCE

こころ涌き立つ「知」の冒険

いまを生きる

"青春新書"は昭和三一年に――若い日に常にあなたの心の友として、その糧となり実になる多様な知恵が、生きる指標として勇気と力になり、すぐに役立つ――をモットーに創刊された。

そして昭和三八年、新しい時代の気運の中で、新書"プレイブックス"にその役目のバトンを渡した。「人生を自由自在に活動《プレイ》する」のキャッチコピーのもと――すべてのうっ積を吹きとばし、自由闊達な活動力を培養し、勇気と自信を生み出す最も楽しいシリーズ――となった。

いまや、私たちはバブル経済崩壊後の混沌とした価値観のただ中にいる。その価値観は常に未曾有の変貌を見せ、社会は少子高齢化し、地球規模の環境問題等は解決の兆しを見せない。私たちはあらゆる不安と懐疑に対峙している。

本シリーズ"青春新書インテリジェンス"はまさに、この時代の欲求によってプレイブックスから分化・刊行された。それは即ち、「心の中に自らの青春の輝きを失わない旺盛な知力、活力への欲求」に他ならない。応えるべきキャッチコピーは「こころ涌き立つ"知"の冒険」である。

予測のつかない時代にあって、一人ひとりの足元を照らし出すシリーズでありたいと願う。青春出版社は本年創業五〇周年を迎えた。これはひとえに長年に亘る多くの読者の熱いご支持の賜物である。社員一同深く感謝し、より一層世の中に希望と勇気の明るい光を放つ書籍を出版すべく、鋭意志すものである。

平成一七年　　刊行者　小澤源太郎

著者紹介

河合　敦〈かわい あつし〉

歴史研究家、歴史作家、多摩大学客員教授、早稲田大学非常勤講師。

1965年、東京都生まれ。青山学院大学文学部史学科卒業。早稲田大学大学院博士課程単位取得満期退学。

歴史書籍の執筆・監修のほか講演やテレビ出演も精力的にこなし、わかりやすく記憶に残る解説で熱く支持されている。

著書に『日本史は逆から学べ』(光文社知恵の森文庫)、『歴史の勝者にはウラがある』(PHP文庫)、『禁断の江戸史』(扶桑社新書)などがある。

繰《く》り返《かえ》す日本史《にほんし》

青春新書 INTELLIGENCE

2020年8月15日　第1刷

著　者　河《かわ》合《い》　敦《あつし》

発行者　小澤源太郎

責任編集　株式会社プライム涌光

電話　編集部　03(3203)2850

発行所　東京都新宿区若松町12番1号 〒162-0056　株式会社青春出版社

電話　営業部　03(3207)1916　振替番号　00190-7-98602

印刷・中央精版印刷　製本・ナショナル製本

ISBN978-4-413-04599-5